Engel-Orakel

Himmlische Begleiter für alle Lebenslagen

Laura Tuan

Engel-
Orakel

Himmlische Begleiter für alle Lebenslagen

tosa

Inhalt

✢ Die Kraft der Engel ✢

Engel kommen zu uns als Berater, Beschützer, Helfer und Heiler. Doch leider verlieren die meisten von uns im Laufe des Lebens die Verbindung zu ihnen. Das Engel-Orakel hilft Ihnen, wieder mit den Boten und Vermittlern Gottes in Kontakt zu treten und mit ihnen zu kommunizieren. Im folgenden Abschnitt finden Sie viele wertvolle Hinweise und Tipps zur Anwendung der Karten sowie zahlreiche Legemuster, die Ihnen die Botschaft der Engel zu bestimmten Fragen und Aspekten Ihres Lebens übermitteln. Darüber hinaus können Sie die Karten aber einfach auch intuitiv verwenden, denn die Engel warten nur darauf, Ihnen auf Ihrer irdischen Reise beistehen zu können.

✣ Engel ✣

Die Diener Gottes

Manche Menschen halten sie für gute Freunde, andere wiederum sehen sie als unsichtbare Beschützer, wertvolle Ratgeber oder auch Leitsterne, als strahlende, unpersönliche Energieressourcen, eine direkte oder indirekte Verbindung zum Himmel, den man in schwierigen Situationen um Hilfe anruft.

Nur für traditionell eingestellte Menschen bleiben Engel die zarten, himmlischen Kreaturen, die man aus religiösen Bildern kennt – mit Flügeln, Heiligenschein und goldenen Locken. Vielleicht steckt in diesen Darstellungen ein wahrer Kern, denn sogar im Buch Henoch, einem philosophischen Text, der auf das Jahr 200 v. Chr. zurückgeht, werden die Engel als glühendes Feuer, als leuchtende Punkte, die Sternen ähneln, als reine Energie beschrieben (im Hebräischen bedeutet die Endung „el", die sich in fast all ihren Namen findet, „reinste Kraft"). Die Hebräer glaubten, dass die Namen der Engel ursprünglich aus Babylon kamen, denn in der babylonischen Kultur kam etwa im 6. Jahrhundert vor Christus die Astrologie auf. Aber bereits im Syrien des 14. Jahrhunderts vor Christus nannte man die Engel Kinder Gottes (genauer: die Ausstrahlung Gottes) oder auch Morgensterne.

Die Gestalt des Engels, die sowohl im Alten als auch im Neuen Testament häufig aufgegriffen wird, war keineswegs auf die christliche Welt beschränkt. Die Griechen bezeichneten Engel als diamones, die Indianer als deva und bei den Persern waren sie als Yazata bekannt, die Ehrwürdigen, die von den Amesha Spenta, den Unsterblichen, unterschieden wurden. Besonders interessant ist, dass die Sabier von Harran, ein sehr religiöses Volk, auch die Sterne verehrten, die sie für Diener Gottes hielten. Diese Ansicht wurde von zahlreichen westlichen Philosophien aufgegriffen. Die Sterne und die Engel, die dafür verantwortlich waren, dass sich die Sterne bewegen, überbrachten den Menschen die Nachrichten der Götter. Es war ihre Aufgabe, das Schicksal der Menschen zu lenken und dabei den Willen der Götter zu berücksichtigen, deren Absichten sie deuteten. Bei den Sabiern waren Menschen, Engel und Planeten eng miteinander verbunden, sodass es für den Gläubigen ausreichte, sich stellvertretend seinem eigenen planetarischen Engel anzuvertrauen, statt zu beten, um direkt mit dem Göttlichen in Verbindung zu treten.

Die Hierarchie der Engel, die von der Bibel praktisch ignoriert wird, die sich aber in zahlreichen gnostischen und mittelalterlichen Texten findet, ist sehr komplex. Es gibt neun verschiedene Klassen Engel, Erzengel, Tugenden, Fürstentümer, Mächte, Herrschaften, Throne, Cherubim und Seraphim. Jeder der Engel wird mit einem bestimmten Himmelskörper und einem Sternzeichen in Verbindung gebracht. Darüber hinaus steht er symbolisch für ein Metall, eine Farbe, eine Note in der Musik und einen Wochentag.

Die Erzengel sind in der Hierarchie über den 72 Schutzengeln, ihren Stellvertretern, angesiedelt, von denen jeder für einen Zeitraum von etwa 5 Tagen seine Macht ausübt (wenn man der alten Unterteilung des 360 Grad umfassenden Tierkreises in 72 Teile folgt) und bestimmte Aufgaben hat: Kranke heilen, Liebe entfachen, Erfolg herbeiführen oder Gerechtigkeit walten lassen. Alles in allem haben die Engel die Aufgabe, die Menschen anzuleiten, sodass alles, was sich auf der Erde ereignet, mit den göttlichen Plänen in Einklang steht. Sie fungieren als Berater oder Leitbilder, die man anrufen, zu denen man beten oder die man visualisieren kann. Darüber hinaus helfen sie uns, gemäß unserem Charakter und unseren persönlichen Neigungen den Weg zu gehen, der von den Sternen für uns vorbestimmt ist.

Doch wie viele Engel gibt es insgesamt? Wenn man der endlosen Anzahl der im Rahmen von Magie und Esoterik überlieferten Namen (von denen nur einige bekannt sind, während andere geheim gehalten werden, da ihnen eine gewaltige Macht innewohnt) Glauben schenkt, lässt sich eine genaue Zahl praktisch nicht festlegen. Lassen wir also die Gedanken zu Anzahl und äußerer Erscheinung hinter uns und widmen uns den himmlischen Wesen selbst. Es ist sicherlich nicht einfach, ein Engel zu sein. Denn sie sind mit tausend verschiedenen Aufgaben betraut und dürfen sich niemals ausruhen. Dank ihres profunden Wissens über unser aller Schicksal sind sie ständig damit beschäftigt, uns zu leiten, zu beurteilen, zu schützen und zu helfen. Unser persönlicher Engel ist nicht nur eine Energieressource und ein Verbindungsglied zwischen Himmel und Erde, sondern er unterstützt uns auch in vielerlei Hinsicht. Er hilft uns unter anderem bei der Lösung von Problemen, mit denen wir uns konfrontiert sehen, und steht uns bei der Realisierung unserer Wünsche zur Seite.

Um Ihren Engel zu erkennen und mit ihm in Kontakt zu treten, ist es notwendig, einen Kommunikationskanal zu schaffen, einen speziell für ihn angelegten Weg, über den er direkt in Ihr Herz gelangt. Sie können ihn mit lauter Stimme rufen und dabei seinen Namen gebetsartig wiederholen oder ihn in Gedanken anrufen, vorzugsweise im Stehen an einem ruhigen Ort. Versuchen Sie dabei, ihn sich bis ins kleinste Detail vorzustellen. Konzentrieren Sie sich auf seine Qualitäten und seine Fähigkeiten und lassen Sie vor Ihrem geistigen Auge das Bild seines in Großbuchstaben geschriebenen Namens entstehen. Sie können ihn um seinen Beistand bitten, um Ihr Potenzial voll auszuschöpfen, sich in Mäßigung zu üben und im Einklang mit sich selbst und Ihren Mitmenschen zu leben.

✣ Die Botschaft der Engel ✣

So nutzen Sie das Engel-Orakel

Die Karten helfen Ihnen, mit den Engeln in Kontakt zu treten und deren Botschaften zu empfangen, sie sind sozusagen die Stimme der Engel. Um diese Stimme zu vernehmen, ist es wichtig, den Geist zu öffnen, die Gedanken zur Ruhe kommen zu lassen und sich auf die Karten und Ihr jeweiliges Anliegen zu konzentrieren. Da Sie bei der Arbeit mit dem Engel-Orakel von der Kraft und der Liebe der Engel geleitet werden, können Sie eigentlich nichts falsch machen. Trotzdem finden Sie nachfolgend einige wertvolle Hinweise zum Umgang mit den Karten sowie verschiedene Legemuster, mit deren Hilfe Sie das Engel-Orakel befragen können.

Die Karten

Das beiliegende Kartenset besteht aus 80 Karten, die jeweils mit arabischen Zahlen versehen sind: 72 Karten stehen für die Schutzengel, die in neun Klassen unterteilt sind; zusätzlich finden sich die sieben Erzengel sowie eine weitere Karte, die für die verschiedenen Ebenen des großen himmlischen Palasts steht. Die jeweilige Klasse erkennen Sie anhand des im Hintergrund sichtbaren Himmels (es gibt jeweils acht Engel mit gleichem Hintergrund). Zudem finden Sie auf jeder Engelkarte zwei Symbole, welche die zugehörigen Himmelskörper symbolisieren (links den mit der jeweiligen Klasse verbundenen Himmelskörper, rechts den Himmelskörper, der dem jeweiligen Engel selbst zugeordnet wird). Auch können die einzelnen Engel aufgrund der Farbe ihrer Kleidung und durch die Instrumente, Gegenstände, Tiere, Blumen oder Edelsteine, die sie begleiten, unterschieden werden.

Gemäß der gnostischen Tradition, der sie ihre Namen verdanken und die sie klassifiziert hat, ist jeder der 72 Engel darüber hinaus verantwortlich für bestimmte Aktivitäten und Spezialgebiete (Gefühle, Gesundheit, Erfolg, Entwicklung etc.). Daraus leitet sich die Deutung der jeweiligen Karte ab (siehe Seite 24 ff.).

Hier ein kurzer Überblick über die neun Klassen, deren Aufgaben und leitenden Gestirne (in absteigender Reihenfolge):

- ✣ Klasse der Seraphim, verbunden mit Neptun (bewölkter Himmel): Auswirkungen auf die geistige Ebene, hohe Ideale und Kommunikationskanäle mit dem Göttlichen.

- ✣ Klasse der Cherubim, verbunden mit Uranus (mit Blitz durchzogener Himmel): Auswirkungen auf das Schicksal und die damit einhergehenden Veränderungen und Wandlungen.

- ✣ Klasse der Throne, verbunden mit Saturn (dunkler, verregneter Himmel): Auswirkungen auf Gefahren, Hindernisse, Erwartungen und Prüfungen, die uns bevorstehen.

- ✢ Klasse der Herrschaften, verbunden mit Jupiter (blauer Sternenhimmel): Auswirkungen auf das Schicksal, die Chancen und das Verhältnis zur Gesellschaft.

- ✢ Klasse der Mächte, verbunden mit Mars (roter Himmel bei Sonnenuntergang): Auswirkungen auf Kämpfe, Unternehmungen sowie die körperliche und geistige Energie.

- ✢ Klasse der Fürstentümer, verbunden mit der Sonne (blauer, sonniger Himmel): Auswirkungen auf die individuelle Persönlichkeit und den Lauf des Lebens.

- ✢ Klasse der Tugenden, verbunden mit Venus (rötlicher Morgenhimmel): Auswirkungen auf die Gefühlswelt und die Interaktionen mit anderen Lebewesen.

- ✢ Klasse der Erzengel, verbunden mit Merkur (unbeständiger, bewölkter Himmel): Auswirkungen auf die geistige Ebene und die Kommunikation.

- ✢ Klasse der Engel, verbunden mit dem Mond (mondbeschienener Nachthimmel): Auswirkungen auf Körper, Geist und den Alltag.

Symbole der Himmelskörper

Sonne	☉
Mond	☽
Merkur	☿
Venus	♀
Mars	♂
Jupiter	♃
Saturn	♄
Uranus	♅
Neptun	♆

Der richtige Umgang mit den Karten

Es ist wichtig, die Engelkarten vor der ersten Verwendung zu aktivieren, um sie auf Sie einzustimmen. Gehen Sie dazu wie folgt vor:

- ✣ Legen Sie ein weißes Tuch auf den Tisch. Stellen Sie links darauf ein Räucherstäbchen und rechts eine Kerze, die ebenfalls weiß sein sollte.

- ✣ Zünden Sie die Kerze und das Räucherstäbchen an und schwenken Sie den gesamten Kartenstoß drei Mal durch den Rauch und über die Flamme. Dabei sollte eine Handbreit Abstand zur Flamme gehalten werden.

- ✣ Verteilen Sie nun die Karten auf acht Reihen zu jeweils zehn Karten und decken Sie sie nacheinander auf. Halten Sie eine nach der anderen in den Rauch, um die Präsenz der Engel und ihre weisen Ratschläge zu erbitten.

- ✣ Nehmen Sie die Karten wieder auf und verstreuen Sie sie, indem Sie Ihre flache linke Hand – auf welcher der Kartenstapel ruht – kreisen lassen. Dabei dürfen sich die Karten drehen, sie sollten aber nicht aufgedeckt werden.

- ✣ Fassen Sie die Karten erneut zu einem Stapel zusammen und heben Sie dann zu Ehren der neun Klassen neun Mal in Folge ab. Schauen Sie sich beim letzten Mal die unterste Karte an: Dieser Engel wird Ihr Set aktivieren. Er wird zu Ihrem Leitbild und steht Ihrem persönlichen Schutzengel (der an Ihrem Geburtstag aktiv war) zur Seite. Beide zusammen haben die Aufgabe, Sie zu inspirieren und Sie zu lehren, die Botschaften des Himmels zu verstehen und zu deuten, um Ihnen so ein Leben im Einklang mit dem Universum zu ermöglichen. Sie dienen im Kartenset auch als Joker. Wenn Sie sie ziehen, können Sie beruhigt sein: Es bedeutet, dass Sie optimal geschützt sind und alles zu Ihrem Besten verläuft. Das gilt auch, wenn Sie das Orakel für eine andere Person befragen: Wenn sich unter den gezogenen Karten der Schutzengel des Ratsuchenden befindet, ist das auf jeden Fall ein gutes Zeichen.

Aufbewahrung der Karten

Bewahren Sie die Karten in ein weißes Tuch gewickelt auf. Nach jeder Befragung sollte das Set zur Reinigung kurz in den Rauch des Räucherstäbchens gehalten werden.

Karten mischen und ziehen

Bevor Sie eine der nachfolgenden Legungen durchführen, mischen Sie die Karten, verteilen sie verdeckt auf dem Tisch und fassen sie dann wieder zu einem Stapel zusammen. Anschließend heben Sie neun Mal ab. Dann ziehen Sie mit der linken Hand die durch das jeweilige Orakel vorbestimmte Anzahl an Karten, während Sie Ihren persönlichen Schutzengel (siehe Seite 12) beziehungsweise den Engel des Ratsuchenden anrufen.

Je nachdem, welche Art der Deutung Sie gewählt haben (frei oder mit Anleitung), werden die gezogenen Karten verdeckt oder offen entsprechend dem jeweiligen Orakel angeordnet.

Die Deutung – Grundvarianten und weitere Legungen

Die Engelkarten können frei oder gemäß Anleitung gedeutet werden. Die freie Interpretation empfehlen wir denjenigen, die bereits einige Erfahrungen mit dem Kartenlegen generell gesammelt haben. Sie basiert auf der symbolischen und wahrsagerischen Bedeutung der einzelnen Karten, kombiniert mit der jeweiligen Kartenposition.

Bei der Deutung nach Anleitung lesen Sie die entsprechenden Erläuterungen zu der jeweiligen Karte, sobald Sie sie ziehen, und legen sie offen ab. Dabei empfehlen wir Ihnen die beiden folgenden Legemethoden: Die erste mit sieben Karten vermittelt Ihnen ein umfassendes Gesamtbild, während die zweite mit nur drei Karten Antwort auf ein bestimmtes Problem gibt.

Allgemeines Orakel

Das allgemeine Orakel basiert auf sieben sternförmig angeordneten Karten, welche die sieben Erzengel symbolisieren, die den Engelsklassen vorstehen, beziehungsweise die sieben Himmelkörper, die mit ihnen verbunden sind, und somit auch die sieben Existenzbereiche:

- ✢ **Position 1, ganz oben:** Michael (Sonne) – das Ich, die Persönlichkeit
- ✢ **Position 2, rechts oben:** Gabriel (Mond) – Gefühle, Träume, das Zuhause
- ✢ **Position 3, Mitte rechts:** Raphael (Merkur) – Gesundheit, Lernen
- ✢ **Position 4, unten rechts:** Anael (Venus) – Liebe
- ✢ **Position 5, unten links:** Ariel (Mars) – Kämpfe, Erfolge
- ✢ **Position 6, Mitte links:** Zachariel (Jupiter) – Geld, Arbeit, Wohlstand
- ✢ **Position 7, links oben:** Cassiel (Saturn) – Prüfungen, das Wesentliche

Die Deutung der jeweiligen Karten finden Sie ab Seite 24.

Psychologisches Orakel

Dieses Orakel für ein spezielles Problem geht von drei im Dreieck angeordneten Karten aus:

✣ **Position 1, links unten:** Ihre Person und Ihre Talente; die für Sie opportune Situation.

✣ **Position 2, rechts unten:** Die Art des Problems, das der Engel für Sie lösen soll, sowie potenzielle Hindernisse.

✣ **Position 3, Mitte oben:** Die Mittel, die Zeit und die Situation, die für die Hilfe eine Rolle spielen; das Ergebnis bezüglich des Problems.

Die Deutung der jeweiligen Karten finden Sie ab Seite 24.

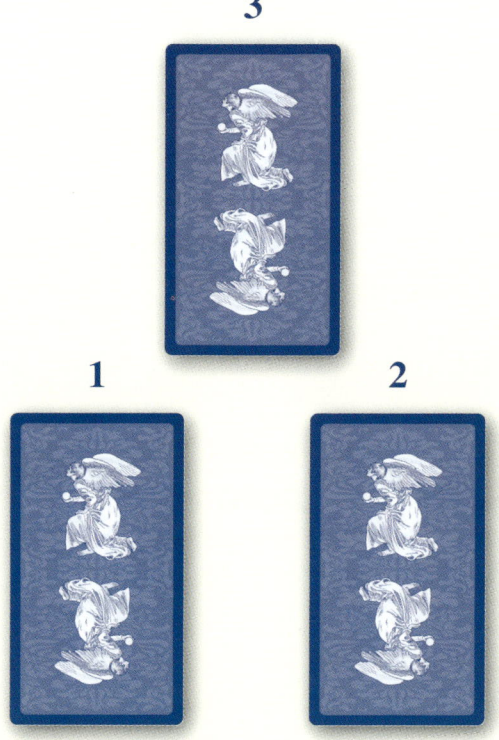

Weitere (nicht interpretierte) Legungen sind:

Orakel der vier Richtungen

Stecken Sie in einer schwierigen Situation und wissen nicht, wie es weitergehen soll? Ziehen Sie vier Karten und legen Sie sie kreuzförmig aus:

✣ **Karte 1, links:** Was Sie bereits richtig gemacht haben.

✣ **Karte 2, rechts:** Was Sie falsch gemacht haben.

✣ **Karte 3, oben:** Was Sie tun sollten.

✣ **Karte 4, unten:** Was Sie nicht tun sollten.

Zählen Sie die Zahlen der ausgelegten Engelkarten zusammen und runden Sie das Ergebnis auf die nächste durch vier teilbare Zahl auf. Diese teilen Sie dann durch vier. Das Ergebnis ist die Nummer des Engels, der die Lösung des Problems aufzeigt.

Schnelles Orakel

Suchen Sie aus dem Kartenset Ihren persönlichen Schutzengel heraus (siehe Seite 12). Sehen Sie sich sein Bild an, rufen Sie ihn an und stecken Sie die Karte dann wieder in den Stapel. Mischen Sie die Karten und heben Sie wie gewohnt neun Mal ab. Verteilen Sie die Karten jetzt auf vier gleiche Stapel von jeweils 20 Karten und suchen Sie Ihren Schutzengel erneut. Je nachdem, in welchem Stapel er sich befindet, lautet die Antwort auf Ihre Frage wie folgt:

✣ **1. Stapel:** Ganz sicher und sehr bald.

✣ **2. Stapel:** Ja, aber es braucht Zeit.

✣ **3. Stapel:** Die Situation ist unsicher, Überraschungen stehen bevor.

✣ **4. Stapel:** Unmöglich, es wird nicht passieren.

Paar-Orakel

Verteilen Sie die Karten auf vier Stapel von jeweils 20 Karten und wählen Sie einen davon aus. Die restlichen Karten fassen Sie zusammen und legen sie beiseite. Verteilen Sie die Karten aus dem gewählten Stapel auf drei weitere und ziehen Sie von jedem Stapel drei Karten, die Sie – jeweils beginnend mit der untersten – wie folgt anordnen: Zuerst die ersten drei Karten links (Position 1, 2 und 3), dann die nächsten drei rechts (Position 4, 5 und 6) und schließlich die letzten drei in der Mitte (Position 7, 8 und 9). Die zehnte Karte ziehen Sie aus dem großen Stapel und legen sie an die unterste Stelle (Position 10). Auch hier richtet sich die Deutung nach der Position der jeweiligen Karte:

✣ **Karte 1:** Sie, Ihre Gefühlswelt in der Vergangenheit, Ihre Beweggründe

✣ **Karte 2:** Hindernisse, Ihre Ängste und Schwächen

✣ **Karte 3:** Erwartungen an und Gefühle für Ihren Partner

✣ **Karte 4:** Bedingungen, die Basis der Beziehung

✣ **Karte 5:** Hindernisse und potenzielle Krisen

✣ **Karte 6:** Die Zukunft der Beziehung

✣ **Karte 7:** Der Partner, seine Vergangenheit und seine Beweggründe

✣ **Karte 8:** Hindernisse, seine Ängste und Schwächen

✣ **Karte 9:** Seine Erwartungen und Gefühle

✣ **Karte 10:** Überraschungen und Unvorhergesehenes

Zur Erinnerung: Wenn im Spiel Ihr Schutzengel oder der Ihres Partners oder gar beide erscheinen, sind Schutz und Harmonie für Sie als Paar garantiert.

Flügel-Orakel

Ziehen Sie aus dem gemischten Kartenset sieben Karten: Die erste, die ganz nach oben gelegt wird, steht für Sie als Person beziehungsweise Ihre aktuelle Position.

Die nächsten drei Karten (2, 3 und 4) werden links neben der ersten angeordnet. Sie stehen für drei wichtige Lebensabschnitte in Ihrer Vergangenheit, für die Schwierigkeiten und Krisen, die Sie überwunden haben, um an den jetzigen Punkt in Ihrem Leben zu gelangen.

Die letzten drei Karten (5, 6 und 7), die Sie rechts anordnen, stehen dagegen für die Zukunft, für die Gelegenheiten, die Sie ergreifen können, und die Erfahrungen, die auf Sie warten.

✦ **Karte 1**: Wer Sie sind, wo Sie jetzt stehen

✦ **Karte 2**: Chancen, die Sie in der Vergangenheit hatten

✦ **Karte 3**: Begangene Fehler und durchlebte Krisen

✦ **Karte 4**: Wichtiger Lebensabschnitt Ihrer Vergangenheit

✦ **Karte 5**: Chancen in der Zukunft

✦ **Karte 6**: Schwierigkeiten, die Sie erwarten

✦ **Karte 7**: Künftige Lebensabschnitte

Licht-und-Schatten-Orakel

Wählen Sie drei Bereiche Ihres Lebens, die Ihnen am Herzen liegen, zum Beispiel Liebe, Arbeit und Gesundheit. Anschließend ziehen Sie eine Karte aus dem Stapel, legen sie beiseite und zählen die für den Engel stehende Zahl an Karten ab. Die Karte, die Sie dann ziehen, steht für die Schattenseite derjenigen, die Sie zuerst gezogen haben, und ist mit dieser verbunden: Sie bilden das erste Paar, die Licht- und die Schattenseite des ersten Bereichs, den Sie untersuchen möchten.

Verfahren Sie ebenso, um die Karten für den zweiten und den dritten Bereich zu ermitteln. Legen Sie die gezogenen Karten wie unten gezeigt aus.

Die Lichtseite (die zufällig gezogene Karte) steht jeweils für Möglichkeiten, Chancen und den zukünftigen Verlauf in dem von Ihnen gewählten Bereich, während die Schattenseite für die Hindernisse steht, für das Unvorhergesehene und all das, was Ihre Pläne durchkreuzen kann.

Orakel des Schutzengels

Mischen Sie das Set und ziehen Sie eine Karte. Sie steht für die zusammenfassende Antwort des Orakels. Unterteilen Sie die restlichen 79 Karten in 7 Stapel und legen diese nebeneinander. Nun wählen Sie je nach Wochentag einen der Stapel, wobei Sie links beginnen. Sie wählen also den ersten von links, wenn Montag ist, den zweiten, wenn Dienstag ist, mittwochs den dritten usw.

Ordnen Sie die obersten fünf Karten des gewählten Stapels sternförmig an. Die erste Karte liegt oben, die anderen werden im Uhrzeigersinn angeordnet. Sie verraten Ihnen Folgendes:

✤ **Karte 1:** Wer Sie sind
✤ **Karte 2:** Ihre Talente
✤ **Karte 3:** Ihre Schwächen
✤ **Karte 4:** Chancen
✤ **Karte 5:** Risiken

✦ Die Engelkarten und ihre Bedeutung ✦

Aus den Karten spricht die Weisheit, die Kraft und die Liebe der Engel, die Ihnen innere Führung und spirituelle Erkenntnisse zuteil werden lassen. Um ihre Botschaft verständlicher zu machen, wird in diesem Abschnitt die Bedeutung jeder Karte des Sets näher erläutert. Zudem finden Sie Deutungsmöglichkeiten für die beiden wichtigsten Legevarianten, die Ihnen zusätzliche Hinweise bieten. Vertrauen Sie bei der Interpretation der Karten stets Ihrer Intuition und blicken Sie tief in sich hinein, denn nirgendwo wird die Botschaft der Engel deutlicher als in Ihrem Herzen.

✣ Vehuiah ✣

(1)

Der erhebende Gott

Klasse der Seraphim, Engel des Uranus

Schlüsselwort: Weisheit

Einsatzgebiete: Bildung, Arbeit, Gesundheit

Wahrsagerische Bedeutung: unerwarteter Erfolg, der aber nicht immer von Dauer ist; Liebe auf den ersten Blick mit ungewissem Ausgang; unerwartetes Glück; plötzlich auftretende Krankheiten und schnelle Genesung; sich lösende Probleme; erhaltene oder geleistete humanitäre Hilfe; im Zaum zu haltende Unternehmungslust und Impulsivität; eine impulsive und großzügige Person, die aber launisch sein kann, ein Student, ein Therapeut

Aktive Zeit: 21. bis 25. März, Sonntag

Deutung im Rahmen des allgemeinen Orakels

Position 1, Persönlichkeit (Michael): *Sie sind ehrgeizig und selbstsicher, haben keine Angst vor dem Unvorhersehbaren, sondern schätzen es sogar. Sie glauben an das Göttliche.*

Position 2, Gefühl (Gabriel): *Es erwartet Sie eine innere Veränderung und/oder eine Veränderung in Ihrer Umgebung.*

Position 3, Körper (Raphael): *Eine plötzlich auftretende Krankheit besiegen Sie mithilfe starker Abwehrkräfte. Ihnen steht eine unerwartete Flugreise bevor.*

Position 4, Liebe (Anael): *Die Liebe auf den ersten Blick verändert Ihre Lage erheblich. Aber auch Paare profitieren von dieser Karte – Treue ist garantiert, trotz häufiger Streitigkeiten.*

Position 5, Erfolg (Ariel): *Ihr Weg zum Erfolg lässt keine Verschnaufpausen zu. Höhere Mächte verschaffen Ihnen Chancen. Weitere Stichworte: soziale Anerkennung, magische Kraft, Verführung.*

Position 6, Schicksal (Zachariel): *Ein Gewinn oder die Unterstützung von einflussreicher Seite löst ein kleines Problem. Weitere Stichworte: Großzügigkeit, Höhen und Tiefen bei Investitionen.*

Position 7, Prüfungen (Cassiel): *Vorsicht vor Depressionen. Der Erfolg bei Prüfungen und Wettkämpfen ist weitgehend Glückssache.*

Deutung im Rahmen des psychologischen Orakels

Position 1, Talente: *Sie sind impulsiv, enthusiastisch und handeln, ohne groß nachzudenken. Sie können sich auf Ihr Glück verlassen. Vertrauen Sie auf das Schicksal.*

Position 2, Problem: *Sie schlagen sich mit einem Hindernis, einer Prüfung oder einer Krankheit herum. Um einen Wettbewerb zu gewinnen, müssen Sie alles geben.*

Position 3, Ausgang: *Der Erfolg kommt dann, wenn Sie nicht mehr mit ihm rechnen. Eine positive Überraschung erwartet Sie.*

✦ Jeliel ✦

Der helfende Gott

Klasse der Seraphim, Engel des Saturn

Schlüsselwort: Bau

Einsatzgebiete: Liebe, Familie, Geld

Wahrsagerische Bedeutung: Ruhe und Stärkung; Treue in wenig leidenschaftlichen Beziehungen; etwas Langeweile; folgsame, wohlerzogene Kinder, die animiert werden müssen; erfolgversprechende, aber langsam wirkende Initiativen; Stolz und Habgier sind zu überwinden; eine treue und respektvolle, aber kalte Person

Aktive Zeit: 26. bis 30. März, Samstag und Sonntag

Deutung im Rahmen des allgemeinen Orakels

Position 1, Persönlichkeit (Michael): *Sie sind ruhig, zuverlässig und haben keine Flausen im Kopf. Ihr einziges Laster ist der Hochmut.*

Position 2, Gefühle (Gabriel): *Sie unterdrücken Emotionen und haben Angst vor Gefühlen. Die Zeit und ein Gefühl der Sicherheit bringen Sie dazu, sich gehen zu lassen.*

Position 3, Körper (Raphael): *Sie brauchen viel Bewegung, um fit zu bleiben. Sie neigen zu chronischen Erkrankungen. Bei Kälte und Feuchtigkeit geht es Ihnen schlecht.*

Position 4, Liebe (Anael): *In Bezug auf die Gefühlswelt lassen Sie äußerste Vorsicht walten. Sie haben Angst, sich auf etwas einzulassen und dann enttäuscht zu werden. Weitere Stichworte: absolute Treue, aber wenig Leidenschaft.*

Position 5, Erfolg (Ariel): *Sie streben keine besonders hohen Ziele an, aber Sie brauchen Sicherheit. Sie sind wie geschaffen für die Wissenschaften, rechnen und vermitteln gern.*

Position 6, Schicksal (Zachariel): *Sie haben Erfolg bei Immobilieninvestments. Bei einer Karriere in der Verwaltung oder im Bereich Recht ist Ihnen das Glück hold.*

Position 7, Prüfungen (Cassiel): *Alles, was Sie sich erhoffen, wird in Zeitlupe eintreten. Schwierigkeiten ergeben sich durch Egoismus und Anhänglichkeit.*

Deutung im Rahmen des psychologischen Orakels

Position 1, Talente: *Sie warten in Ruhe und geduldig auf Ihre Chance, sind respektvoll und treu. Weitere Stichworte: Sinn fürs Praktische, Selbstvertrauen.*

Position 2, Problem: *Die Lösung kommt langsam, aber sie kommt. Achtung: Ihr Hochmut kann Sie fehlleiten. Sie langweilen sich beziehungsweise haben ein Gefühl des Stillstands.*

Position 3, Ausgang: *Im Laufe der Zeit werden all Ihre Projekte verwirklicht. Es ergibt sich eine Möglichkeit, die Sie sich nicht entgehen lassen sollten.*

✧ Sitael ✧

Der Gott der Hoffnung

Klasse der Seraphim, Engel des Jupiter

Schlüsselwort: Expansion

Einsatzgebiete: Arbeit, Gesundheit

Wahrsagerische Bedeutung: Schutz vor Hindernissen; kleine Zwischenfälle, Undankbarkeiten und unangenehme Heucheleien, die sich aber überwinden lassen; Hilfe von einflussreicher Seite, die mit Bedacht ersucht werden muss; das Erreichen hoher Ziele; Projekte, die Früchte tragen; verantwortungsvolle Aufgaben; Idealismus; übertriebene Großzügigkeit; eine idealistische, mutige, aber zugleich unbedarfte Person, die sich leicht ausnutzen lässt

Aktive Zeit: 31. März bis 4. April, Donnerstag und Sonntag

Deutung im Rahmen des allgemeinen Orakels

Position 1, Persönlichkeit (Michael): *Sie sind idealistisch und ehrgeizig, aber möglicherweise etwas zu sehr. Sie geben doppelt so viel, wie Sie bekommen. Lassen Sie sich nicht ausnutzen.*

Position 2, Gefühle (Gabriel): *Sie haben große Träume, aber sie lassen sich nicht in die Realität umsetzen. Weitere Stichworte: Gutgläubigkeit, Illusionen.*

Position 3, Körper (Raphael): *Um in Form zu bleiben, sollten Sie eine Diät machen und dabei auf Fett und Konservierungsstoffe verzichten. Mäßigen Sie auch Ihren Alkoholkonsum – Ihrer empfindlichen Leber zuliebe.*

Position 4, Liebe (Anael): *Sie lassen sich so sehr von Ihren Gefühlen leiten, dass es leicht ist, Sie auszunutzen. Wenn Sie Ihren Partner zu sehr idealisieren, werden Sie einen Traum lieben.*

Position 5, Erfolg (Ariel): *Ihre Pläne sind gut und führen Sie zu hohen Zielen. Suchen Sie sich einen einflussreichen Unterstützer.*

Position 6, Schicksal (Zachariel): *Ihre Großzügigkeit zahlt sich aus. Sie profitieren von der Wertschätzung einer einflussreichen Persönlichkeit, die viel für Sie tun wird.*

Position 7, Prüfungen (Cassiel): *Jemand nutzt Ihre Hilfsbereitschaft schamlos aus. Vorsicht vor Lästermäulern.*

Deutung im Rahmen des psychologischen Orakels

Position 1, Talente: *Es stellen sich Ihnen viele Hindernisse in den Weg, aber Sie besitzen den Mut, den Idealismus und das positive Denken, um sie zu überwinden.*

Position 2, Problem: *Kleine Zwischenfälle, Missverständnisse, unehrliche und wenig großzügige Personen in Ihrem Umfeld machen Ihnen das Leben schwer.*

Position 3, Ausgang: *Es gibt jemanden, der Sie unterstützt und Ihnen zur Seite steht, um etwas Wichtiges umzusetzen. Weiteres Stichwort: verantwortungsvolle Aufgaben.*

4 ✣ **Elemiah** ✣

Der verborgene Gott

Klasse der Seraphim, Engel des Mars

Schlüsselwort: Wiedergutmachung

Einsatzgebiete: Arbeit, Reisen

Wahrsagerische Bedeutung: Erfolg im Beruf und bei künstlerischen Tätigkeiten; mit Enthusiasmus und Kampfgeist überwundene Schwierigkeiten; Entschädigung für einen begangenen Fehler; erfahrene Vergebung; destruktives Verhalten; Hochmut und Stolz; absichtliches Herausfordern von Risiken; mit einem Handstreich verhinderte Unfälle und Diebstähle; ein Musiker, eine impulsive Person, jemand, der einen Fehler begangen hat

Aktive Zeit: 5. bis 9. April, Dienstag und Sonntag

Deutung im Rahmen des allgemeinen Orakels

Position 1, Persönlichkeit (Michael): *Sie sind entschlossen, oftmals in Eile, aber nicht dickköpfig. Sie gestehen sich Ihre Fehler ein und haben kein Problem damit, um Verzeihung zu bitten.*

Position 2, Gefühle (Gabriel): *Begeisterung treibt Sie voran. Sie haben starke Gefühle, die Sie mit denen teilen möchten, die Sie lieben.*

Position 3, Körper (Raphael): *Wenn Sie sich zu sehr hetzen lassen, riskieren Sie Stürze und blaue Flecken. Sie müssen sportliche Übertreibungen unter Kontrolle halten.*

Position 4, Liebe (Anael): *Sie lieben innig, ohne sich je zu fragen, was Sie zurückbekommen. Weitere Stichworte: plötzliche Verliebtheit, vollkommene und mitreißende Leidenschaft.*

Position 5, Erfolg (Ariel): *Sie gehen schnell als unangefochtener Sieger aus einem harten Kampf hervor. Weitere Stichworte: Selbstachtung, politisches Geschick und musikalische Begabung.*

Position 6, Schicksal (Zachariel): *Ihnen wird nichts geschenkt, Sie müssen an sich selbst glauben und kämpfen. Die anderen vergeben Ihnen Ihre Fehler.*

Position 7, Prüfungen (Cassiel): *Vorsicht vor Unaufmerksamkeiten und Irreleitungen auf Reisen sowie vor Diebstahl oder dem Verlust von Dokumenten und Gepäck.*

Deutung im Rahmen des psychologischen Orakels

Position 1, Talente: *Sie verfügen über Enthusiasmus, Kampfgeist und vor allem die Fähigkeit, sich Ihre eigenen Fehler einzugestehen und Ihren Mitmenschen zu verzeihen.*

Position 2, Problem: *Eine Kurzschlusshandlung, ein Risiko, das Sie eingegangen sind, oder ein Ihrem destruktiven Verhalten geschuldeter Fehler macht Ihnen zu schaffen. Möglicherweise leiden Sie auch unter Angstzuständen.*

Position 3, Ausgang: *Schwierigkeiten werden überwunden, Fehler wiedergutgemacht und eine Bedrohung definitiv ausgeräumt.*

✦ Mahasiah ✦

Der errettende Gott

Klasse der Seraphim, Engel der Sonne
Schlüsselwort: Lernen

Einsatzgebiete: Bildung, das Leben generell

Wahrsagerische Bedeutung: Erfolge im Studium und bei Prüfungen; erfolgreiche Suche nach Arbeit; mögliches Ende einer Phase der Arbeits- und Orientierungslosigkeit; zu zügelnder Stolz und Fanatismus; Überdenken von Vorsätzen; notwendige Veränderung des eigenen Looks; öffentliche Anerkennung und Zuspruch; diplomatisches Geschick; Träume, die wahr werden; Ratschläge, Gefühle und Zufälle sind zu hinterfragen; ein Student, ein sensibler Mensch

Aktive Zeit: 10. bis 14. April, Sonntag

Deutung im Rahmen des allgemeinen Orakels

Position 1, Persönlichkeit (Michael): *Sie sind liebenswürdig, aufmerksam und überlegen in jeder Situation erst in Ruhe, bevor Sie handeln.*

Position 2, Gefühle (Gabriel): *Sie haben ein gutes Gespür, auf das Sie öfter vertrauen sollten. Träume bewahrheiten sich.*

Position 3, Körper (Raphael): *Körper und Geist sind absolut im Einklang, aber Sie sollten mehr auf Ihr Äußeres achten.*

Position 4, Liebe (Anael): *Wenn Sie schon in einer Beziehung sind, ist die Stimmung friedlich; suchen Sie einen Partner, stehen die Chancen für eine gelungene Verführung. Weiteres Stichwort: Versöhnung nach einem Streit.*

Position 5, Erfolg (Ariel): *temporäre Arbeitslosigkeit, Studium im sprachwissenschaftlichen Bereich oder in Geschichte, möglicherweise Neubeginn im Ausland, Umzug.*

Position 6, Schicksal (Zachariel): *Das Glück ist Ihnen fern von zu Hause hold, besonders wenn Sie eine Begabung für Sprachen haben. Möglicherweise winkt auch ein Lottogewinn.*

Position 7, Prüfungen (Cassiel): *Bei der Arbeit holt Sie ein Misserfolg oder eine erzwungene Unterbrechung auf den Boden der Tatsachen zurück. Sie überschätzen sich selbst.*

Deutung im Rahmen des psychologischen Orakels

Position 1, Talente: *Mit Ihrer höflichen, diplomatischen Art schaffen Sie es, mit jeder Situation gekonnt umzugehen.*

Position 2, Problem: *Zu stürmisches Verhalten oder zu große Besessenheit hält Sie vom Erreichen eines Ziels ab. Ihr Verhalten muss überdacht werden.*

Position 3, Ausgang: *Um Ihr Ziel unter Zustimmung aller zu erreichen, sind einige Veränderungen unerlässlich.*

✦ Lelahel ✦

Der lobenswerte Gott

Klasse der Seraphim, Engel der Venus

Schlüsselwort: Heilung

Einsatzgebiete: Gesundheit, Liebe, Innenleben

Wahrsagerische Bedeutung: Heilung; Genesung von Körper und Geist; wiederzugewinnendes Gleichgewicht; faszinierendes Treffen mit einer wohlhabenden Person; intensives Gefühlsleben; Beziehungskrise mit positivem Ausgang; starker Ehrgeiz; Rechtsstreit; künstlerische, wissenschaftliche oder politische Erfolge; eine gefühlsbetonte Person, ein gut aussehender Mensch, ein Freund oder der Partner

Aktive Zeit: 15. bis 20. April, Freitag und Sonntag

Deutung im Rahmen des allgemeinen Orakels

Position 1, Persönlichkeit (Michael): *Sie erwarten zu viel von sich selbst, sind nüchtern und kreativ, aber auch extrem ehrgeizig. Sie leiden oftmals unter Stress.*

Position 2, Gefühle (Gabriel): *Großer Ehrgeiz und große Gefühle schlagen Ihnen aufs Gemüt und bringen Ihr inneres Gleichgewicht durcheinander. Sie sind gern auch mal ein Draufgänger.*

Position 3, Körper (Raphael): *Ihnen macht ein Ungleichgewicht von Körper und Geist zu schaffen. Sie müssen auf sich selbst oder einen Mitmenschen achtgeben.*

Position 4, Liebe (Anael): *Sie haben intensive, überwältigende Gefühle und gelten als charmant. Eine wunderbare Begegnung mit Ihrer atemberaubenden besseren Hälfte steht Ihnen bevor.*

Position 5, Erfolg (Ariel): *ein gewonnener Rechtsstreit, Erfolg im künstlerischen Umfeld.*

Position 6, Schicksal (Zachariel): *Die Begegnung mit einer einflussreichen Persönlichkeit löst ein Problem. Sie bekommen Unterstützung.*

Position 7, Prüfungen (Cassiel): *Ein physisches Problem oder eine temporäre Schwäche hindert Sie daran, das zu tun, was Sie möchten. Legen Sie eine Erholungspause ein.*

Deutung im Rahmen des psychologischen Orakels

Position 1, Talente: *Bei Ihnen paart sich starker Ehrgeiz mit weiteren Vorzügen: Kreativität, guter Geschmack und Genialität.*

Position 2, Problem: *Ein Energiedefizit oder eine chronische Krankheit bremst Ihren Ehrgeiz. Sie müssen sich ausruhen.*

Position 3, Ausgang: *Durch ein Bündnis wird ein Kampf gewonnen, allein schaffen Sie es nicht. Weitere Stichworte: Verbesserung, Heilung.*

❖ Achaiah ❖

Der langmütige Gott

Klasse der Seraphim, Engel des Merkur
Schlüsselwort: Verständnis

Einsatzgebiete: Bildung, Arbeit, Innenleben

Wahrsagerische Bedeutung: gut durchgeführte Studien; bestandene Prüfungen; gewonnene Wettkämpfe; ein Beruf in den Bereichen Bildung, Werbung oder Telekommunikation; eine extrovertierte, kommunikative Persönlichkeit; Verständnis in der Familie und in der Beziehung; Missgunst, Eifersucht und Unsicherheit müssen im Zaum gehalten werden; ein Journalist, Schauspieler oder Conférencier, eine Person, die sich gern reden hört

Aktive Zeit: 21. bis 25. April, Sonntag und Mittwoch

Deutung im Rahmen des allgemeinen Orakels

Position 1, Persönlichkeit (Michael): *Sie sind kommunikativ, extrovertiert und gesprächig. Passen Sie auf, dass Sie nicht zu viel preisgeben oder ungewollt Geheimnisse enthüllen.*

Position 2, Gefühle (Gabriel): *Unsicherheit und Trägheit hindern Sie daran, voranzukommen. Vorsicht vor Eifersucht: Der Partner wird dadurch ungerechterweise verletzt.*

Position 3, Körper (Raphael): *Sie sprechen schnell und sind viel in Bewegung. Sie sind selten gestresst, aber ermüden Ihr Umfeld mit Ihrer übertriebenen Art.*

Position 4, Liebe (Anael): *Dank Ihrer Eloquenz fällt es Ihnen nicht schwer, aufzufallen und andere zu bezaubern. Weitere Stichworte: Harmonie und Verständnis in der Familie.*

Position 5, Erfolg (Ariel): *Wenn Sie eine Veränderung anstreben, sollten Sie schnell auf eine Stellenausschreibung*

antworten. Weitere Stichworte: bestandene Prüfungen, gewonnene Wettkämpfe, Anstellung im Verlagswesen, in der Schule oder im Marketing.

Position 6, Schicksal (Zachariel): *Neben sorgfältiger Vorbereitung beeinflusst besonders Ihre Kommunikationsfähigkeit Ihr Schicksal. Vorsicht vor Neidern!*

Position 7, Prüfungen (Cassiel): *Haltloses Gerede und Verleumdungen strapazieren Ihre Geduld. Aufgrund von Unsicherheit ergeben sich Verzögerungen.*

Deutung im Rahmen des psychologischen Orakels

Position 1, Talente: *Sie sind intelligent und kommunikativ, haben aber auch Ihre Schwächen: Missgunst, Eifersucht, Unsicherheit, Trägheit.*

Position 2, Problem: *Eine Frage oder eine Person, über die zu viel gesprochen wird, ist fehl am Platz. Weitere Stichworte: Gerede, Lästereien.*

Position 3, Ausgang: *Wenn Sie Ihre Gefühle äußern und Probleme ansprechen, werden Sie die Hilfe erhalten, die Sie benötigen.*

✤ Cahetel ✤

Der verehrungswürdige Gott

Klasse der Seraphim, Engel des Mondes
Schlüsselwort: Segen

Einsatzgebiete: Innenleben, Arbeit, Landwirtschaft

Wahrsagerische Bedeutung: Gewinne aus der Landwirtschaft, der Fischerei und dem Wassersport; Hochmut und Anmaßung sind im Zaum zu halten; Versuchungen und gefährlicher Verrat aufgrund eines Bündnisses; eine notwendige Phase der Selbstreflexion; ein Familienangehöriger, ein junger Verwandter, eine nachdenkliche, fantasievolle, aber nicht immer zuverlässige Persönlichkeit

Aktive Zeit: 26. bis 30. April, Sonntag und Montag

Deutung im Rahmen des allgemeinen Orakels

Position 1, Persönlichkeit (Michael): *Selbstreflexion ist Ihre größte Gabe. Die Lösung zu bestimmten Problemen findet sich in Ihrem Innern.*

Position 2, Gefühle (Gabriel): *Sie verlangen viel und wiegen sich in falscher Sicherheit. Bemühen Sie sich, Versuchungen zu widerstehen.*

Position 3, Körper (Raphael): *Als Naschkatze bezahlen Sie für Ihren Appetit mit überflüssigen Pfunden. Auch haben Sie Probleme mit Schwellungen.*

Position 4, Liebe (Anael): *Statt sich anderweitig umzuschauen, sollten Sie sich mit dem zufriedengeben, was Sie haben. Weitere Stichworte: Versuchungen, Dreiecksbeziehungen und Untreue.*

Position 5, Erfolg (Ariel): *Ihre Arbeit trägt Früchte. Sie können nun in allen Bereichen ernten, was Sie gesät haben, insbesondere im Wassersport.*

Position 6, Schicksal (Zachariel): *Eine zierliche und wohltuende Präsenz vertreibt negative Einflüsse aus Ihrem Haus. Zeigen Sie Dankbarkeit.*

Position 7, Prüfungen (Cassiel): *Ihre Zuverlässigkeit wird auf den Prüfstand gestellt. Weitere Stichworte: gefährliche Versuchungen und Vertrauensbruch.*

Deutung im Rahmen des psychologischen Orakels

Position 1, Talente: *Sie sind kreativ und in der Lage, sich selbst, das eigene Denken und Handeln kritisch zu hinterfragen. Arbeiten Sie an Ihrer Zuverlässigkeit.*

Position 2, Problem: *Sie fordern zu viel und eine Versuchung stellt Sie auf eine harte Probe. Sie sind verunsichert.*

Position 3, Ausgang: *Die Gefahren werden gebannt und der Verrat überstanden. Weitere Stichworte: Neuorganisation zu Hause und in Beziehungen, Belohnung.*

✢ Haziel ✢

Der gnadenvolle Gott

Klasse der Cherubim, Engel des Uranus
Schlüsselwort: Anziehungskraft

Einsatzgebiete: Innenleben, Freundschaft, Liebe, das Leben generell

Wahrsagerische Bedeutung: starke und solide Beziehungen; Versöhnung nach einem zermürbenden Kampf; Enthusiasmus, der zum Erfolg führt; Überraschungen; plötzliche Veränderungen; Kämpfe und Wettbewerbe, bei denen man sich beweisen muss; Gefahr von Missgunst und unlauterem Wettbewerb bei der Arbeit; ein Rivale, Liebhaber, ein nie vergessener Exfreund.

Aktive Zeit: 1. bis 5. Mai, Sonntag

Deutung im Rahmen des allgemeinen Orakels

Position 1, Persönlichkeit (Michael): *Sie sind großzügig, ehrlich und gehen alles mit Begeisterung an. Sie sind frohgemut und verhalten sich regelkonform.*

Position 2, Gefühle (Gabriel): *In Ihnen wirbeln tiefgründige Gefühle wie ein Orkan und führen zu Veränderungen an Ihnen selbst und in Ihrem Umfeld.*

Position 3, Körper (Raphael): *Emotionale Anspannung zieht Ihren Körper in Mitleidenschaft.*

Position 4, Liebe (Anael): *Sie müssen sich gegen einen Rivalen durchsetzen. Stellen Sie sich zudem auf eine zufällige Begegnung mit einem Expartner ein.*

Position 5, Erfolg (Ariel): *Eine Überraschung führt zu schnellem Erfolg. Ihnen steht ein harter Kampf gegen einen ernst zu nehmenden Rivalen bevor.*

Position 6, Schicksal (Zachariel): *Chancen und vorteilhafte Zusammenschlüsse sollten genutzt werden. Ihnen wird Unterstützung angeboten, nehmen Sie sie an.*

Position 7, Prüfungen (Cassiel): *Neid, Unverständnis und Kämpfe werden durch Versöhnung beendet.*

Deutung im Rahmen des psychologischen Orakels

Position 1, Talente: *Aufgaben bewältigen Sie dank Ihres Enthusiasmus, Ihrer Großzügigkeit und Ihrer einnehmenden Art problemlos. Es fällt Ihnen nicht leicht, Menschen, die Sie einmal geliebt haben, zu vergessen. Trotzdem stehen Sie Veränderungen unvoreingenommen gegenüber.*

Position 2, Problem: *Ihr Erfolg provoziert Missgunst und unlauteren Wettbewerb. Um erfolgreich zu sein, müssen Sie sich oft zur Wehr setzen.*

Position 3, Ausgang: *Ihre Stärke ist die Veränderung. Sie sind offen für neue Ansichten, Beziehungen und Ziele, die für Sie unerwartete Chancen mit sich bringen. Wünsche werden wie durch ein Wunder erfüllt.*

Der wohlgesinnte Gott

Klasse der Cherubim, Engel des Saturn
Schlüsselwort: Veränderung

Einsatzgebiete: das Leben generell, Gesundheit, Arbeit

Wahrsagerische Bedeutung: schwierige Vergangenheit mit Auswirkungen auf die Gegenwart; Notwendigkeit radikaler Veränderungen; Erneuerung ist durch persönlichen Einsatz möglich; psychosomatische Krankheit; Beleidigungen sind zu verzeihen; mehr Respekt und Bewusstsein zu zeigen ist notwendig; eine niederträchtige Person, die im Zaum gehalten werden muss; Rückbesinnung auf die Vergangenheit

Aktive Zeit: 6. bis 10. Mai, Samstag und Sonntag

Deutung im Rahmen des allgemeinen Orakels

Position 1, Persönlichkeit (Michael): *Sie sind großzügig und haben eine fesselnde Art. Sie besitzen die Weisheit von jemandem, der viel gelitten hat. Sie können sich völlig auf ein bestimmtes Ziel fokussieren.*

Position 2, Gefühle (Gabriel): *Die Vergangenheit hat noch immer Einfluss auf Ihre Entscheidungen und Ängste. Sie nehmen sich eine Kränkung sehr zu Herzen.*

Position 3, Körper (Raphael): *Sie durchleben eine stressige Zeit, die Ihnen auf die Nerven zu schlagen droht.*

Position 4, Liebe (Anael): *Ein nie vergessener Expartner kehrt zurück und versucht, Sie zu hintergehen. Sie erhalten eine zweite Chance.*

Position 5, Ariel (Erfolg): *Um Ihre Ziele umzusetzen, ist eine radikale Veränderung notwendig. Ein Umzug steht Ihnen ins Haus.*

Position 6, Schicksal (Zachariel): *Eine ungerechte Behandlung hat plötzlich ihre Vorteile. Sie werden großzügig belohnt.*

Position 7, Prüfungen (Cassiel): *Kummer und Schwierigkeiten machen Ihnen zu schaffen. Sie büßen für einen in der Vergangenheit begangenen Fehler.*

Deutung im Rahmen des psychologischen Orakels

Position 1, Talente: *Sie sind sympathisch, altruistisch und können erlittenes Unrecht verzeihen beziehungsweise die Vergangenheit hinter sich lassen.*

Position 2, Problem: *Eine Person aus der Vergangenheit tritt wieder in Ihr Leben und führt nichts Gutes im Schilde. Weitere Stichworte: plötzliche Kränkungen, Kummer und Spannungen.*

Position 3, Ausgang: *Eine schwierige, aber unbedingt notwendige Veränderung muss vorgenommen werden. Weitere Stichworte: Abschließen mit der Vergangenheit, Erneuerung, Schutz.*

❖ Lauviah ❖

Der lobende Gott

Klasse der Cherubim, Engel des Jupiter

Schlüsselwort: Gleichgewicht

Einsatzgebiete: Arbeit, Politik

Wahrsagerische Bedeutung: Berühmtheit; Einfluss in der Politik oder im Management; nach lang andauernden Unannehmlichkeiten erfahrene Gerechtigkeit; Vorsicht vor Neid und Missgunst; Gefahr einer Depression aufgrund eines Hindernisses; eine einflussreiche Persönlichkeit, ein Politiker, ein Richter, ein Dozent

Aktive Zeit: 11. bis 15. Mai, Donnerstag und Sonntag

Deutung im Rahmen des allgemeinen Orakels

Position 1, Persönlichkeit (Michael): *Sie sind freundlich, weise und ausgeglichen, was Sie zu einem ganz besonderen Menschen macht.*

Position 2, Gefühle (Gabriel): *Ein klein wenig Neid und Missgunst trüben Ihre Gefühle, kleine Sünden belasten das Gewissen.*

Position 3, Körper (Raphael): *Hindernisse lassen Sie in eine depressive Stimmung verfallen. Betätigen Sie sich körperlich, um sich daraus zu befreien.*

Position 4, Liebe (Anael): *Eifersucht trübt eine innige Liebesbeziehung. Weitere Stichworte: Unsicherheit, fehlendes Vertrauen in den Partner.*

Position 5, Erfolg (Ariel): *Durch Ihr großes persönliches Engagement stellt sich Erfolg im politischen, wissenschaftlichen oder juristischen Bereich ein. Weiteres Stichwort: optimale schulische Vorbereitung.*

Position 6, Schicksal (Zachariel): *Positive Beurteilungen und einflussreiche Unterstützer begünstigen Ihre Karriere und den sozialen Aufstieg. Dieser Erfolg ruft aber auch Neider auf den Plan.*

Position 7, Prüfungen (Cassiel): *Missgünstige, neidische Menschen versperren Ihnen den Weg zum Erfolg. Bitten Sie eine höhergestellte Person um Hilfe.*

Deutung im Rahmen des psychologischen Orakels

Position 1, Talente: *Sie sind weise, diplomatisch und haben Gerechtigkeit zu Ihrem obersten Ziel erklärt. Auch verfügen Sie über hervorragende Umgangsformen.*

Position 2, Problem: *Neid und Eifersucht eines Rivalen gefährden Ihren Aufstieg. Vorsicht vor Depressionen.*

Position 3, Ausgang: *Dank Ihrer Entscheidungen und des Verhaltens, das Sie an den Tag legen, erlangen Sie eine gewisse Berühmtheit. Der Gerechtigkeit wird Genüge getan.*

❖ **Hahaiah** ❖

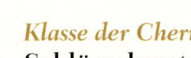

Gott der Zuflucht

Klasse der Cherubim, Engel des Mars
Schlüsselwort: Widerstand

Einsatzgebiete: Gefühlsleben, zwischenmenschliche Beziehungen

Wahrsagerische Bedeutung: schwierige Zeit; Risiken; Verbissenheit; Verfolgungswahn; Einsamkeit, Verlust; Notwendigkeit der Selbstreflexion; Groll; im Zaum zu haltende negative Gedanken; eine Problemlösung kommt völlig unerwartet, gerade dann, wenn Sie versucht sind, das Handtuch zu werfen; eine von einer Krise gebeutelte, depressive oder einsame Person

Aktive Zeit: 16. bis 20. Mai, Dienstag und Sonntag

Deutung im Rahmen des allgemeinen Orakels

Position 1, Persönlichkeit (Michael): *Sie durchleben eine schlimme persönliche Krise und fühlen sich von den Ereignissen überrumpelt, aber Sie können auf Ihren außergewöhnlichen Mut vertrauen.*

Position 2, Gefühle (Gabriel): *Negative Gefühle erdrücken und demotivieren Sie. Kämpfen Sie dagegen an. Weitere Strichworte: verlassen werden, Frustration, Verfolgung, Groll.*

Position 3, Körper (Raphael): *Die mentalen Probleme wirken sich auch auf der körperlichen Ebene aus, beeinträchtigen Schlaf und Appetit. Die Folge: Müdigkeit und Gewichtsverlust.*

Position 4, Liebe (Anael): *Ein in der Vergangenheit erlittener Verlust oder eine Verletzung beeinträchtigen die gegenwärtige Lage. Eine Beziehung geht zu Ende.*

Position 5, Erfolg (Ariel): *Sie behaupten sich mithilfe genialer Eingebungen. Auch andere schätzen Ihre Fähigkeiten.*

Position 6, Schicksal (Zachariel): *Der Zufall hilft Ihnen aus dem Schlamassel. Weitere Stichworte: Heilung, Lösung, gebannte Gefahr.*

Position 7, Prüfungen (Cassiel): *Eine negative Phase, ein Zerwürfnis oder eine Niederlage zwingt Sie dazu, von vorn zu beginnen. Ein begangener Fehler erbringt nützliche Erkenntnisse.*

Deutung im Rahmen des psychologischen Orakels

Position 1, Talente: *Sie haben Mut, sind widerstandsfähig und besitzen innere Stärke, aber Sie sehen sich mit Problemen konfrontiert, denen Sie sich nicht gewachsen fühlen.*

Position 2: Problem: *Sie durchleben eine schwierige Zeit, eine kritische Phase, in der Verlust und Groll eine Rolle spielen. Weitere Stichworte: Verfolgungswahn, ungerechtfertigte Verbissenheit.*

Position 3, Ausgang: *Es ist eine schwierige Situation, aber ein Wunder kann Sie im letzten Moment retten.*

13 — ✦ **Iezalel** ✦

Der glorifizierte Gott

Klasse der Cherubim, Engel der Sonne

Schlüsselwort: Einheit

Einsatzgebiete: Liebe, Freundschaft

Wahrsagerische Bedeutung: Einheit; Zusammenhalt; Kooperation; Teamarbeit im Beruf und im Studium; Treue, Liebe; Freundschaft; Eintracht; Optimismus; aufgedeckte Lügen; überwundene Inkohärenz; eine besonders liebenswerte Person, ein Freund, ein Liebhaber, der idealer Partner

Aktive Zeit: 21. bis 25. Mai, Sonntag

Deutung im Rahmen des allgemeinen Orakels

Position 1, Persönlichkeit (Michael): *Durch Ihre optimistische und positive Art punkten Sie bei Ihren Mitmenschen. Mit Ihnen ist sehr leicht auszukommen.*

Position 2, Gefühle (Gabriel): *Widerstreitende Gefühle schlagen Ihnen etwas aufs Gemüt. Sie sind bekümmert, da jemand beim Lügen ertappt wurde.*

Position 3, Körper (Raphael): *Ein geregeltes Leben und gesunder Menschenverstand lassen Sie bei Kräften bleiben. Falls Sie doch einmal krank werden, genesen Sie schnell.*

Position 4, Liebe (Anael): *Sie sind glücklich verliebt und fühlen sich wohl. Es herrscht absolute Harmonie in der Familie und der Beziehung.*

Position 5, Erfolg (Ariel): *Ganz ohne Wettbewerb und Auseinandersetzungen geben Sie Ihr Bestes im Team. Weitere Stichworte: höchste Kooperationsbereitschaft, Eintracht.*

Position 6, Schicksal (Zachariel): *Was Sie nicht allein erreichen, erreichen Sie in einer Gruppe. Glück und Erfolg sind garantiert.*

Position 7, Prüfungen (Cassiel): *Sie sind unschlüssig und unzufrieden, was Sie zu erdrücken droht. Es fällt Ihnen schwer, das zu akzeptieren.*

Deutung im Rahmen des psychologischen Orakels

Position 1, Talente: *Sie sind optimistisch, kooperativ, zuverlässig und unterhalten zu allen gute Beziehungen. Zusammen mit Ihrem Partner bilden Sie eine perfekte Einheit.*

Position 2, Problem: *Eine Lüge kommt ans Licht. Sie sind unschlüssig und sorgen sich um eine Ihnen nahestehende Person.*

Position 3, Ausgang: *Nach einer Zeit der Gefühlskälte herrscht wieder Harmonie. Weitere Stichworte: Glück in der Familie und der Beziehung, beruflicher Erfolg.*

Der bewahrende Gott

Klasse der Cherubim, Engel der Venus
Schlüsselwort: Freiheit

Einsatzgebiete: Gefühlsleben, zwischenmenschliche Beziehungen

Wahrsagerische Bedeutung: Erfolg im künstlerischen Umfeld oder in Berufen der Bereiche Mode, Schönheit, Kochen; Toleranz gegenüber anderen, aber auch Notwendigkeit, sich gegen Übergriffe und Verleumdungen zur Wehr zu setzen; Wechsel des Wohnorts und des Lebensstils; eine sinnliche und leidenschaftliche Person, ein Ästhet, ein kreativer Mensch, eine Person, deren Leben sich im Umbruch befindet

Aktive Zeit: 26. bis 31. Mai, Freitag und Sonntag

Deutung im Rahmen des allgemeinen Orakels

Position 1, Persönlichkeit (Michael): *Sie sind ein angenehmer, höflicher Mensch und achten stets auf Ästhetik und Sinnlichkeit. Ihre Ziele im Leben: Vergnügen und Liebe.*

Position 2, Gefühle (Gabriel): *Alles, was Sie sehen, hören, berühren oder riechen, ruft in Ihnen große Gefühle hervor. Diese teilen Sie mit Ihrem Partner.*

Position 3, Körper (Raphael): *Ihre Sinnlichkeit wird oft zu mehr – Sie neigen zu Schlemmerei und Ausschweifungen. Übertreibungen aber verursachen Schaden.*

Position 4, Liebe (Anael): *Veränderungen in der Liebe bringen Ihnen garantiert Glück und Erfülltheit.*

Position 5, Erfolg (Ariel): *Auch bei der Arbeit zeigt sich Ihr Talent für das Schöne. Sie feiern Erfolge im künstlerischen oder ästhetischen Umfeld.*

Position 6, Schicksal (Zachariel): *Sie versprühen von Natur aus Charme, damit fesseln Sie Ihre Mitmenschen und gewinnen sie für sich. Die Kunst verhilft Ihnen zu Einkünften.*

Position 7, Prüfungen (Cassiel): *Zu starke Emotionen bringen Sie aus der Fassung. Sie kämpfen für Unabhängigkeit und persönliche Freiheit.*

Deutung im Rahmen des psychologischen Orakels

Position 1, Talente: *Sie sind sinnlich, leidenschaftlich, tolerant und lieben das Schöne und die Freude.*

Position 2, Problem: *Ihre unkonventionelle Art und die häufigen Veränderungen sorgen für Kritik und Verleumdung.*

Position 3, Ausgang: *Die radikale Veränderung einer Situation verwandelt Freude in Leid und umgekehrt. Nichts bleibt, wie es war.*

✦ Hariel ✦

Der schöpferische Gott

Klasse der Cherubim, Engel des Merkur
Schlüsselwort: Glaube

Einsatzgebiete: Gefühlsleben, Spiritualität, Arbeit, Familie

Wahrsagerische Bedeutung: künstlerisches Talent; Erfolge in Wissenschaft und Forschung; viele Veränderungen; Wunsch, das Gleichgewicht wiederzuerlangen; innere Konflikte sind zu lösen; ein tüchtiger Kollege, ein hochgeschätzter Bruder, ein fairer Konkurrent, eine aufgeweckte, nüchterne, intuitive Persönlichkeit

Aktive Zeit: 1. bis 5. Juni, Mittwoch und Sonntag

Deutung im Rahmen des allgemeinen Orakels

Position 1, Persönlichkeit (Michael): *Sie sind aufgeweckt und stecken voller Ideen, aber die inneren Konflikte, die Sie quälen, rauben Ihnen wertvolle Zeit.*

Position 2, Gefühle (Gabriel): *Sie brauchen Glaube und Vorbilder, aber die inneren Konflikte lenken Sie zu sehr ab.*

Position 3, Körper (Raphael): *Sie sind zwar etwas antriebslos, aber dank Ihrer geregelten Tätigkeiten erfreuen Sie sich bester Gesundheit.*

Position 4, Liebe (Anael): *Ihre Anpassungsfähigkeit bringt Glück in der Familie und in der Beziehung. Gute Neuigkeiten stehen ins Haus.*

Position 5, Erfolg (Ariel): *Sie können im künstlerischen und wissenschaftlichen Bereich einen Trumpf ausspielen. Auch das Studium läuft gut.*

Position 6, Schicksal (Zachariel): *Dank einer fähigen Person ist es möglich, das Gleichgewicht wiederzuerlangen und einen Konflikt zu lösen.*

Position 7, Prüfungen (Cassiel): *Sie kämpfen gegen einen harten, aber fairen Konkurrenten. Es gewinnt der Bessere.*

Deutung im Rahmen des psychologischen Orakels

Position 1, Talente: *Sie haben Talent sowohl für die Kunst als auch für die Wissenschaften. Sie sind auf Zack, einfallsreich und haben ein gutes Gespür für das rechte Maß.*

Position 2, Problem: *Innere Konflikte treiben Sie in eine ungünstige Richtung. Sie fühlen sich ohnmächtig und benötigen viel Energie.*

Position 3, Ausgang: *Mithilfe einer wachsamen, aufmerksamen, großzügigen Person lassen sich große Veränderungen umsetzen.*

✤ Hekamiah ✤

Der aufrichtende Gott

Klasse der Cherubim, Engel des Mondes
Schlüsselwort: Rat

Einsatzgebiete: Freundschaft, Sozialleben

Wahrsagerische Bedeutung: Streit und Verrat werden nur durch Willenskraft überwunden; Macht, Ansehen und Respekt werden erreicht; wertvolle Ratschläge; gehaltene Versprechen; eine einflussreiche, fähige Person, ein Priester, ein Berater

Aktive Zeit: 6. bis 10. Juni, Sonntag und Montag

Deutung im Rahmen des allgemeinen Orakels

Position 1, Persönlichkeit (Michael): *Sie sind hilfsbereit und loyal, besonders Freunden gegenüber. Sie helfen und beraten gern.*

Position 2, Gefühle (Gabriel): *Ein plötzlicher Verrat oder eine Ernüchterung haben ihre Spuren hinterlassen. Sie haben Angst, sich gehen zu lassen.*

Position 3, Körper (Raphael): *Sie müssen Körper und Geist entspannen.*

Position 4, Liebe (Anael): *Sie haben Angst, sich auf eine zu enge Beziehung einzulassen, die Verpflichtungen mit sich bringt. Sie bevorzugen eher eine unverbindliche Freundschaft.*

Position 5, Erfolg (Ariel): *Eine Streitigkeit wird durch Mut und Loyalität beigelegt. Die Entschlossenheit, mit der Sie Ihre Ziele verfolgen, garantiert Ihnen Erfolg.*

Position 6, Schicksal (Zachariel): *Wenn Sie sich in Schwierigkeiten befinden, hilft Ihnen ein Freund. Sie erhalten gute Ratschläge, die Sie beherzigen sollten.*

Position 7, Prüfungen (Cassiel): *Ihr Partner hat sich – wie von Ihnen befürchtet – in ein Abenteuer gestürzt, aber es handelt sich um eine Ausschweifung ohne Auswirkungen. Eine Kränkung sollte verziehen werden.*

Deutung im Rahmen des psychologischen Orakels

Position 1, Talente: *Sie sind mutig, loyal und halten immer Ihr Wort. Weitere Stichworte: Willenskraft, Charisma, Ansehen.*

Position 2, Problem: *Eine Enttäuschung oder ein plötzlicher Verrat sowie Streitigkeiten machen Ihnen schwer zu schaffen.*

Position 3, Ausgang: *Eine Auseinandersetzung wird dank Ihres beeindruckenden Einsatzes einvernehmlich beigelegt. Weitere Stichworte: gehaltene Versprechen, beglichene Rechnungen.*

✦ Leviah ✦

Der bewundernswerte Gott

Klasse der Throne, Engel des Uranus
Schlüsselwort: Ruhe

Einsatzgebiete: Gefühlsleben, Freundschaft, Gesundheit

Wahrsagerische Bedeutung: Ruhe; Ruhestand; eine instabile Situation oder Kritik; eine Unterbrechung, Pause oder etwas Ruhe sind notwendig; Schlaflosigkeit; Wahrträume; ein Greis, ein Pensionär, eine müde, gestresste Person

Aktive Zeit: 11. bis 15. Juni, Samstag und Sonntag

Deutung im Rahmen des allgemeinen Orakels

Position 1, Persönlichkeit (Michael): *Ihre Hilfsbereitschaft hat Ihnen Stress eingebracht, Sie sind müde und von Ihren Aufgaben überfordert. Legen Sie eine Pause ein.*

Position 2, Gefühle (Gabriel): *Unkontrollierbare Ängste und Emotionen machen Ihnen zu schaffen. Die Folge: Schlaflosigkeit und Albträume, über die es sich aber nachzudenken lohnt.*

Position 3, Körper (Raphael): *Ein gestörtes Nervensystem hat auch negative Auswirkungen auf den restlichen Körper (psychosomatische Erkrankungen).*

Position 4, Liebe (Anael): *Wenn eine Beziehung nicht mehr funktioniert, wird eine Trennung unvermeidlich. Sie brauchen eine Pause.*

Position 5, Erfolg (Ariel): *Nach gründlicher Überlegung sollten Sie ein Projekt erneut in Angriff nehmen. Veränderungen sind notwendig, um weitermachen zu können.*

Position 6, Schicksal (Zachariel): *Sie haben nicht immer angenehme Träume, die aber richtungsweisend sind und wichtige Zahlen enthalten (Glück beim Lotto).*

Position 7, Prüfungen (Cassiel): *Ihre derzeitige Einsamkeit wiegt schwer, mobilisiert aber neue Kräfte. Weitere Stichworte: Verzögerung, Reflexion, langsame Erholung nach Unwohlsein oder einer Niederlage.*

Deutung im Rahmen des psychologischen Orakels

Position 1, Talente: *Sie sind ruhig, tolerant und zu tiefen Gefühlen fähig, aber der Stress raubt Ihnen die Energie.*

Position 2, Problem: *Sie durchleben gerade eine unruhige Zeit, in der es viele Konflikte und Unsicherheiten zu überwinden gilt. Ruhe ist notwendig. Weitere Stichworte: Unwohlsein, Stress.*

Position 3, Ausgang: *Die Lösung ist eine zeitweise Pause. Sie müssen die Dinge ihren Lauf nehmen lassen, ohne einzugreifen. Weitere Stichworte: Trennung, Entlassung, Krankheit.*

✢ Caliel ✢

Der Gott der Anrufung

Klasse der Throne, Engel des Saturn
Schlüsselwort: Wahrheit

Einsatzgebiete: Gesundheit, zwischenmenschliche Beziehungen

Wahrsagerische Bedeutung: Widrigkeiten, Missgeschicke und üble Nachrede müssen unter Kontrolle gebracht werden; ehrgeizige Vorhaben und Ziele, welche die eigenen Fähigkeiten übersteigen; lang andauernde Rechtsstreitigkeiten; eine gerechte, strenge, aber pedantische Person, jemand, der kein Geheimnis für sich behalten kann

Aktive Zeit: 16. bis 21. Juni, Samstag

Deutung im Rahmen des allgemeinen Orakels

Position 1, Persönlichkeit (Michael): *Durch Strenge, Pünktlichkeit und Ihre pedantische Art ziehen Sie Kritik und Sarkasmus auf sich. Sie verhalten sich stets loyal, auch Feinden gegenüber.*

Position 2, Gefühle (Gabriel): *Das Streben nach Perfektionismus stellt Ihre Nerven auf eine harte Probe. Weitere Stichworte: Hemmungen, unterdrückte Emotionen.*

Position 3, Körper (Raphael): *Ihr Starrsinn wirkt sich auf Ihren Körper aus und führt zu Muskel- oder Knochenschmerzen. Achten Sie auf Ihre Wirbelsäule.*

Position 4, Liebe (Anael): *Ein Missverständnis weitet sich zu einer Krise aus. Sie haben Angst, sich gehen zu lassen, und fürchten sich vor der Liebe.*

Position 5, Erfolg (Ariel): *Eine schockierende Offenbarung lässt Sie mit einem Mal Ihre Meinung ändern. Zu ehrgeizige Projekte lassen sich nicht umsetzen.*

Position 6, Schicksal (Zachariel): *Durch Können und Hingabe siegen Sie in einem Rechtsstreit. Weiteres Stichwort: Schutz vor Widrigkeiten.*

Position 7, Prüfungen (Cassiel): *Lästereien bringen Sie in Misskredit und beeinträchtigen Ihr Ansehen. Sie werden Opfer von Umständen, mit denen Sie nicht fertigwerden.*

Deutung im Rahmen des psychologischen Orakels

Position 1, Talente: *Sie sind gerecht, loyal und auf der Suche nach der Wahrheit, die Sie klar und deutlich vertreten.*

Position 2, Problem: *Zwischenfälle, auch im rechtlichen Bereich, bremsen Ihren Enthusiasmus. Weitere Stichworte: schmerzliche Verleumdung und Getratsche, zu hoch gesteckte Ziele.*

Position 3, Ausgang: *Sie erkämpfen sich einen Sieg, sollten aber Ihre Ziele und Erwartungen überdenken. Rufmord beeinträchtigt Ihr Ansehen.*

✤ Leuviah ✤

Der horchende Gott

Klasse der Throne, Engel des Jupiter
Schlüsselwort: Ausgeglichenheit

Einsatzgebiete: Gefühlsleben, Gesundheit, Geld

Wahrsagerische Bedeutung: Unruhe; innere Konflikte; zu kontrollierende Anmaßungen; Nachteile durch falsche Entscheidungen und falsches Verhalten; Schäden; Unwohlsein; lernen aus der Vergangenheit; revidieren von überholten Ansichten; beruhigende finanzielle Nachrichten; nicht zu viel Trübsal blasen; eine vorsichtige, bescheidene, aber unruhige Person

Aktive Zeit: 22. bis 26. Juni, Donnerstag und Samstag

Deutung im Rahmen des allgemeinen Orakels

Position 1, Persönlichkeit (Michael): *Sie sind vorsichtig, bescheiden und haben keine Flausen im Kopf. Sie können Ihr künstlerisches Talent vertiefen, aber Vorsicht vor Schwermut.*

Position 2, Gefühle (Gabriel): *In Ihrem Innern tobt ein Sturm, der Sie traurig macht. Schmerzhafte Erinnerungen aus der Vergangenheit kommen wieder hoch.*

Position 3, Körper (Raphael): *Körperlich geht es Ihnen ziemlich gut, aber eine Depression bereitet Ihnen großes Unbehagen. Bereits in der Vergangenheit erlittene Schäden wirken nach.*

Position 4, Liebe (Anael): *Die Person, an die Sie denken, fühlt sich zu Ihnen hingezogen, aber Sie müssen sich anstrengen, um sie für sich zu gewinnen. Sie haben Angst, sich auf eine Beziehung einzulassen.*

Position 5, Erfolg (Ariel): *Sie müssen sich beruflichen Wettkämpfen mit harten Konkurrenten stellen und Fehler aus der Vergangenheit beheben.*

Position 6, Schicksal (Zachariel): *Eine rechtliche Angelegenheit wird endlich geklärt. Darüber hinaus gibt es interessante Neuigkeiten im finanziellen Bereich.*

Position 7, Prüfungen (Cassiel): *Sie sind ein Gefangener von festgefahrenen Denkmustern und in der Vergangenheit getroffenen Entscheidungen. Unwohlsein behindert Ihr Studium und/oder Ihre Karriere.*

Deutung im Rahmen des psychologischen Orakels

Position 1, Talente: *Sie sind ein vorsichtiger Mensch, der sich seiner Chancen und Grenzen bewusst ist. Sie hängen mit Wehmut der Vergangenheit nach.*

Position 2, Problem: *Sie spüren noch die Auswirkungen vergangener Fehler, Ungerechtigkeiten, Streitereien und Wettkämpfe. Weitere Stichworte: emotionale Blockaden, Ängste.*

Position 3, Ausgang: *Um zu einem Ergebnis zu kommen, müssen Sie die Vergangenheit hinter sich lassen. Sie erfahren ein wenig praktische Unterstützung.*

✦ Pahaliah ✦

Der erlösende Gott

Klasse der Cherubin, Engel des Mars

Schlüsselwort: Wissenschaft

Einsatzgebiete: Gefühlsleben, Bildung, Liebe

Wahrsagerische Bedeutung: Offenbarung von Geheimnissen; Treue in der Ehe; Aufdecken von Betrügereien; Überwinden von Leidenschaften und Schwächen; eingebildeter Verrat; Selbstkontrolle; Resistenz gegenüber Krankheiten; eine ernste, strenge Person

Aktive Zeit: 27. Juni bis 1. Juli, Dienstag und Samstag

Deutung im Rahmen des allgemeinen Orakels

Position 1, Persönlichkeit (Michael): *Sie sind streng, zuverlässig und verfügen über eine ausgeprägte Selbstbeherrschung. Darüber hinaus haben Sie klare Vorstellungen und besitzen Talent für wissenschaftliche Forschung.*

Position 2, Gefühle (Gabriel): *Sie kontrollieren Ihre Emotionen so streng, dass Sie sie nahezu ersticken.*

Position 3, Körper (Raphael): *Sie sind physisch topfit und können Kranken Ihre Hilfe anbieten.*

Position 4, Liebe (Anael): *Ihre Beziehung ist unverwüstlich, widersteht Verrat und Versuchungen. Die Liebe hilft Ihnen, Schwächen zu überwinden.*

Position 5, Erfolg (Ariel): *Sie nehmen Ihr Schicksal selbst in die Hand, das zeigt sich auch an den Erfolgen, die Sie erringen. Moralische Stärke und beachtliche Fähigkeiten ebnen Ihnen den Weg.*

Position 6, Schicksal (Zachariel): *Sie haben ein glückliches Händchen bei Bankgeschäften und Investitionen. Eine instinktiv getroffene Entscheidung erweist sich als genau richtig.*

Position 7, Prüfungen (Cassiel): *Eine Machtprobe wird brillant gemeistert. Dank einer Reihe von Umständen sehen Sie Ihre Aufgabe klar vor sich.*

Deutung im Rahmen des psychologischen Orakels

Position 1, Talente: *Ihre ernste, strenge Art hilft Ihnen, die Selbstkontrolle zu behalten. Sie stehen ohne Wenn und Aber zu Ihrem Wort.*

Position 2, Problem: *Trügerische Leidenschaften und Versuchungen am Rande der Legalität bringen ein bislang positives Verhältnis durcheinander. Sie fühlen sich unwohl, nehmen Sie das nicht auf die leichte Schulter.*

Position 3, Ausgang: *Ihnen geht ein Licht auf. Sie überwinden eine Gefühlskrise oder ein Gemütsleiden beziehungsweise widerstehen einer Verführung. Gefahren werden gebannt.*

Der einzige Gott

Klasse der Throne, Engel der Sonne
Schlüsselwort: Schönheit

Einsatzgebiete: Kreativität, Politik, Sozialleben

Wahrsagerische Bedeutung: Beruf im Bereich Philosophie oder Bildung; ein einmal gegebenes Wort wird gehalten; gegen Neid, Vorurteile, Feindseligkeit und negative Energie muss forsch vorgegangen werden; eine treue, aber unterdrückende und einnehmende Persönlichkeit

Aktive Zeit: 2. bis 6. Juli, Samstag und Sonntag

Deutung im Rahmen des allgemeinen Orakels

Position 1, Persönlichkeit (Michael): *Sie sind gelassen, ehrlich, Ihren Idealen treu und deshalb wie geschaffen für Lehrberufe oder die Kunst.*

Position 2, Gefühle (Gabriel): *Das Schöne und die Kunst ziehen Sie an, aber durch diese Konzentration auf die Ästhetik laufen Sie Gefahr, den Blick für das Wesentliche zu verlieren.*

Position 3, Körper (Raphael): *Sie sind hervorragend in Form, was sich auch in Ihrem Aussehen widerspiegelt. Diäten und Schönheitskuren funktionieren besonders gut.*

Position 4, Liebe (Anael): *Sie führen eine harmonische Paarbeziehung. Die Person, die Sie lieben, respektiert Sie, ist Ihnen treu und beschützt Sie.*

Position 5, Erfolg (Ariel): *Sie erzielen Erfolge im politischen und sozialen Bereich, müssen aber einen Rivalen in Schach halten, um nicht an Boden zu verlieren. Weitere Stichworte: brillante Karriere, interessante und ertragreiche Unterweisungen.*

Position 6, Schicksal (Zachariel): *Sie erzielen unerwartete Einkünfte aus dem Lehrbereich oder der Kunst und landen einen Glückstreffer, den Sie sich nicht entgehen lassen sollten.*

Position 7, Prüfungen (Cassiel): *Ihr Äußeres stört Sie. Ihnen gefällt Ihr Spiegelbild nicht und Sie akzeptieren sich selbst nicht. Überprüfen Sie Ihre Essensgewohnheiten.*

Deutung im Rahmen des psychologischen Orakels

Position 1, Talente: *Die Treue ist Ihr großes Plus, aber beim Versuch, sich zu beherrschen, werden Sie hart und rücksichtslos.*

Position 2, Problem: *Fehler und persönliche Vorurteile beziehungsweise Vorurteile Ihrer Umgebung bremsen Ihren Erfolg. Vorsicht vor einem versteckten Feind.*

Position 3, Ausgang: *Sie befreien sich von einem Leiden. Weitere Stichworte: Ausgeglichenheit, eine Person, die wertvolle Tipps geben kann.*

⁘ Yeiayel ⁘

Die rechte Hand Gottes

Klasse der Throne, Engel der Venus
Schlüsselwort: Reise

Einsatzgebiete: Reisen, Geld

Wahrsagerische Bedeutung: häufiges Reisen; kommerzielle Aktivitäten; Ruhm; Missgeschicke; Schwierigkeiten und Diebstahlgefahr sollten nicht unterschätzt werden; Unglück wird vermieden; gewahrte Geheimnisse; ein Reisender, ein Vertriebsmanager, ein Lkw-Fahrer, ein Pilot

Aktive Zeit: 7. bis 11. Juli, Freitag und Samstag

Deutung im Rahmen des allgemeinen Orakels

Position 1, Persönlichkeit (Michael): *Sie sind es gewohnt, von einem Ort zum andern zu ziehen und auch häufig Ihr Leben zu verändern, selbst wenn Unvorhergesehenes passiert oder Schwierigkeiten auftreten.*

Position 2, Gefühle (Gabriel): *Widersprüchliche Gefühle und plötzliche Stimmungswandel machen einen Dialog unmöglich. Geheimnisse werden strikt gewahrt.*

Position 3, Körper (Raphael): *Sie neigen zu Infektionen, werden aber auch schnell wieder gesund. Achtung: Im Ausland sind besondere Hygienevorkehrungen angebracht.*

Position 4, Liebe (Anael): *Ihr rastloser Lebensstil steht der Liebe im Weg. Sie haben Angst, sich auf eine Beziehung einzulassen und sesshaft zu werden.*

Position 5, Erfolg (Ariel): *Der Erfolg erwartet Sie im Ausland, besonders wenn Sie sich mit Handel oder Finanzen beschäftigen.*

Position 6, Schicksal (Zachariel): *Aus einem Praktikum oder Studienaufenthalt in einem fernen Land ergeben sich interessante Möglichkeiten. Weitere Stichworte: Sprachkurse oder Philosophiestudium.*

Position 7, Prüfungen (Cassiel): *Vorsicht vor Diebstahl und Zwischenfällen, während Sie beruflich im Ausland weilen. Weitere Stichworte: Missverständnisse und Feindschaften mit Ausländern, Niederlagen und Fehlschläge.*

Deutung im Rahmen des psychologischen Orakels

Position 1, Talente: *Das Reisen liegt Ihnen im Blut, Sie leben sich erfolgreich im Ausland ein und machen interessante Erfahrungen.*

Position 2, Problem: *Während der Reise ereignet sich ein Diebstahl, etwas Unvorhergesehenes oder eine peinliche Offenbarung.*

Position 3, Ausgang: *Ein Ortswechsel ist die beste Lösung, besonders wenn es um die Beantwortung einer heiklen Frage geht.*

✦ Melahel ✦

Der Unheil abwendende Gott

Klasse der Throne, Engel des Merkur
Schlüsselwort: Heilung

Einsatzgebiete: Gesundheit, Reisen, Geld, Liebe

Wahrsagerische Bedeutung: körperliche Unausgeglichenheit; die Notwendigkeit, Naturheilkunde einzusetzen; von der Natur, von Feuer und von Exzessen ausgehende Gefahren; mit der Pflanzenwelt verbundener Beruf; häufiges und angenehmes Reisen; ein Mediziner, ein Botaniker, ein Agrarunternehmer, eine wohlhabende Person

Aktive Zeit: 12. bis 16. Juli, Mittwoch und Samstag

Deutung im Rahmen des allgemeinen Orakels

Position 1, Persönlichkeit (Michael): *Sie sind sensibel und kultiviert, aber aufgrund von Exzessen zerbrechlich. Ihr Interesse an Naturheilkunde ist deutlich ausgeprägt.*

Position 2, Gefühle (Gabriel): *In der Natur finden Sie zurück zu Ihren Gefühlen und Ihrer Ausgeglichenheit.*

Position 3, Körper (Raphael): *Reinigen Sie mithilfe pflanzlicher Heilmittel Ihren gesamten Körper. Weitere Stichworte: häufige Leiden, Zerbrechlichkeit.*

Position 4, Liebe (Anael): *Ihre Gefühle werden erwidert, Sie führen eine perfekte Ehe.*

Position 5, Erfolg (Ariel): *Der Gipfel des Erfolgs ist noch weit, aber Ihr stressfreier Beruf füllt Sie aus. Ihnen steht ein erholsamer Urlaub bevor.*

Position 6, Schicksal (Zachariel): *Auch wenn Sie bei der Arbeit dem Risiko ausgesetzt sind, mit Naturgewalten oder Schadstoffen in Berührung zu kommen, sind Sie vor Gefahren und Unfällen geschützt.*

Position 7, Prüfungen (Cassiel): *Die Natur sorgt für Schwierigkeiten und Unannehmlichkeiten. Weitere Stichworte: unvorhergesehene Krankheiten, enttäuschende Ferien.*

Deutung im Rahmen des psychologischen Orakels

Position 1 Talente: *Sie interessieren sich für Medizin, Botanik, Heilpflanzenkunde und kümmern sich um andere und um sich selbst.*

Position 2, Problem: *Das körperliche und seelische Gleichgewicht ist nicht optimal. Durch Trockenheit oder Umweltverschmutzung gerät beruflich etwas ins Stocken.*

Position 3, Ausgang: *Eine kompetente Person löst Ihr Problem ganz sicher. Das Gleichgewicht lässt sich durch einen Kurzurlaub wiederherstellen.*

✢ Haheuiah ✢

Der gute Gott

Klasse der Throne, Engel des Mondes
Schlüsselwort: Traum

Einsatzgebiete: Geld, Freundschaften, Gefühlsleben

Wahrsagerische Bedeutung: das Gefühl, eingesperrt und isoliert zu sein; Wegdriften; Einsamkeit; Lügen; Falschheit; unzuverlässige Freunde; riskante oder enttäuschende Reisen; Wahrträume; gute Ratschläge von einem lieben und diskreten Verwandten; Kraft, sich selbst und andere zu heilen; eine verzagende Person, der das Handeln nicht mehr möglich ist

Aktive Zeit: 17. bis 22. Juli, Montag und Samstag

Deutung im Rahmen des allgemeinen Orakels

Position 1, Persönlichkeit (Michael): *Sie sind ehrlich und loyal, aber Sie fühlen sich oft unverstanden und gefangen in einer Situation.*

Position 2, Gefühle (Gabriel): *Sie haben das Gefühl, die Richtung verloren zu haben. Weitere Stichworte: Unfähigkeit, zu handeln und sich mit Dingen auseinanderzusetzen, wirre Emotionen, Selbstbetrug.*

Position 3, Körper (Raphael): *Das emotionale Chaos macht sich auch körperlich bemerkbar. Weitere Stichworte: Appetitlosigkeit, Schlaflosigkeit, Ausschweifungen.*

Position 4, Liebe (Anael): *Der Partner hält nicht das, was Sie sich von ihm versprochen haben. Weitere Stichworte: Frustration, Enttäuschung, Verletzungen.*

Position 5, Erfolg (Ariel): *Ein Erfolg ist erkennbar, aber noch nicht erreicht. Es muss ein neuer Kurs eingeschlagen werden. Weitere Stichworte: kleine Niederlagen, Unsicherheiten.*

Position 6, Schicksal (Zachariel): *Das Glück wendet sich von Ihnen ab, besonders wenn Sie weiterhin auf die falschen Ratgeber hören.*

Position 7, Prüfungen (Cassiel): *Vorsicht vor unzuverlässigen Freunden. Während einer Reise besteht das Risiko von Betrug, Feindschaften und Gefahren.*

Deutung im Rahmen des psychologischen Orakels

Position 1, Talente: *Sie sind ehrlich, tolerant und leidenschaftlich, aber Sie fühlen sich nicht mit allen Menschen wohl. Träume und Gefühle müssen gedeutet werden.*

Position 2, Problem: *Etwas belastet Sie psychisch schwer. Sie fühlen sich gefangen, depressiv, verlassen.*

Position 3, Ausgang: *Fallen Sie nicht auf Lügner herein. Weitere Stichworte: zweifelhafte Ergebnisse, unehrliche Meinungen, Unfähigkeit, richtig zu reagieren.*

✥ Nith-Haiah ✥

Der freigiebige Gott

Klasse der Herrschaften, Engel des Uranus
Schlüsselwort: Lernen

Einsatzgebiete: Gesundheit, Gefühlsleben, Bildung

Wahrsagerische Bedeutung: Magie; Mysterium; Heilung; Wille; Magnetismus; eine Situation unter Kontrolle haben; Immobilienkauf; Miete; Umstrukturierung; eine von Geheimnissen angezogene Person, ein Architekt, ein Immobilienmakler

Aktive Zeit: 23. bis 27. Juli, Donnerstag und Sonntag

Deutung im Rahmen des allgemeinen Orakels

Position 1, Persönlichkeit (Michael): *Intuitiv und voller Tatendrang setzen Sie Ihren Willen durch, genauso wie Sie Ihre bemerkenswerten Gaben sehr zielgerichtet einsetzen.*

Position 2, Gefühle (Gabriel): *Ihre Träume geben Ihnen den Rat, den Sie suchen. Vertrauen Sie auf Ihre Fantasie, aber überspannen Sie den Bogen nicht.*

Position 3, Körper (Raphael): *Sie haben ein Problem mit Körperflüssigkeiten und dem lymphatischen System. Unbeweglichkeit und Trägheit führen zu Übergewicht und Cellulitis.*

Position 4, Liebe (Anael): *Sie haben viele Fantasien und Hoffnungen, aber es ergibt sich nichts Konkretes. Ihre Liebe bleibt einseitig.*

Position 5, Erfolg (Ariel): *Sie sind zu ruhig, um Ihre Rivalen in den Schatten zu stellen. Arbeiten Sie in der Immobilienbranche, haben Sie optimale Chancen.*

Position 6, Schicksal (Zachariel): *Ein Glücksfall, eine Erbschaft oder ein günstiger Immobilienkauf löst ein Problem von selbst. Eine Umstrukturierung ist unvermeidlich.*

Position 7, Prüfungen (Cassiel): *Sie haben Schwierigkeiten und Sorgen vor allem im häuslichen Bereich. Ein Geschäft platzt. Weitere Stichworte: Kündigung oder Räumung, Mieterhöhung.*

Deutung im Rahmen des psychologischen Orakels

Position 1, Talente: *Das Mystische ist Ihr Steckenpferd. Sie haben eine gute Intuition und verfügen über übersinnliche Fähigkeiten. Auch Willenskraft und Charisma sind gut ausgeprägt.*

Position 2, Problem: *Sie laufen Gefahr, sich von skrupellosen Personen beeinflussen oder ausnutzen zu lassen, insbesondere in Hinblick auf einen Immobilienkauf.*

Position 3, Ausgang: *Ihnen wird ein Rat gegeben, den Sie befolgen sollten. Die Zeichen für einen Immobilienkauf stehen günstig. Weiteres Stichwort: spirituelle Heilung.*

✣ Haaiah ✣

Der erhörende Gott

Klasse der Herrschaften, Engel des Saturn

Schlüsselwort: Gerechtigkeit

Einsatzgebiete: Gefühlsleben

Wahrsagerische Bedeutung: gewonnener Rechtsstreit; Erreichen hochgesteckter Ziele; gute Intuition und Prognosen; im Laufe der Zeit aufgedeckter Betrug; Verrat wird im Keim erstickt; eine rechtschaffene und tiefgründige Person, ein Anwalt, ein Politiker, jemand, der in der Öffentlichkeit steht

Aktive Zeit: 28. Juli bis 1. August, Donnerstag und Samstag

Deutung im Rahmen des allgemeinen Orakels

Position 1, Persönlichkeit (Michael): *Sie sind aufmerksam, tiefgründig und der Spiritualität eng verbunden. Sie fühlen sich von Mysterien angezogen.*

Position 2, Gefühle (Gabriel): *Sie können sich auf Ihr Gespür verlassen, Ihr Gefühl bezüglich eines Verrats entspricht der Wahrheit.*

Position 3, Körper (Raphael): *Sie bleiben gesund. Hören Sie auf Ihren Körper und seine Signale. Eine vorbeugende Kur ist ratsam.*

Position 4, Liebe (Anael): *Sofern Ihr Partner keine spirituelle Person ist, sind Vorsicht und Wachsamkeit geboten – Untreue liegt in der Luft.*

Position 5, Erfolg (Ariel): *Ihr beruflicher Ehrgeiz zahlt sich in Kürze aus, besonders wenn Sie in der Politik oder der Industrie tätig sind.*

Position 6, Schicksal (Zachariel): *Wenn Sie seit langer Zeit auf den klassischen Glückstreffer hoffen, setzen Sie auf den Sieg in einem Rechtsstreit. Geldsegen steht Ihnen ins Haus.*

Position 7, Prüfungen (Cassiel): *Ein ehrgeiziges Projekt scheitert, gerade als Sie glauben, es gemeistert zu haben. Eine in der Öffentlichkeit stehende Person stört. Weitere Stichworte: Verrat, Betrug.*

Deutung im Rahmen des psychologischen Orakels

Position 1, Talente: *Sie sind gerecht, tiefgründig und sensibel. Sie verlassen sich im praktischen Leben auf Vorahnungen oder Ihre Intuition.*

Position 2, Problem: *Ein Verrat, Betrug oder eine Reihe von Lügen machen Ihnen zu schaffen und erschüttern Ihr Vertrauen.*

Position 3: Ausgang: *Ihre Beharrlichkeit zahlt sich aus, die Gerechtigkeit siegt. Weitere Stichworte: Entschädigung, Belohnung.*

✤ Yeratel ✤

Der strafende Gott

Klasse der Herrschaften, Engel des Jupiter

Schlüsselwort: Sprache

Einsatzgebiete: Sozialleben, Politik

Wahrsagerische Bedeutung: Wortgewandtheit; sich selbst oder die eigenen Ideen verkaufen können; Sieg über Aggressionen; Sarkasmus; Hinterlist; Optimismus; positive Lebenseinstellung; in die Tat umgesetzte Hoffnungen; schnelle Problemlösung; eine optimistische, kommunikative, sprachbegabte Person, ein Werbefachmann, ein Verkäufer

Aktive Zeit: 2. bis 6. August, Donnerstag

Deutung im Rahmen des allgemeinen Orakels

Position 1, Persönlichkeit (Michael): *Sie sind optimistisch, eloquent und überzeugend, gestehen sich Ihre Fehler ein und können Situationen für sich nutzen.*

Position 2, Gefühle (Gabriel): *Innere Konflikte sind an der Tagesordnung, aber Sie bleiben Ihren Werten treu. Toleranz siegt über Sarkasmus.*

Position 3, Körper (Raphael): *Sie haben ausgezeichnete Abwehrkräfte und sind damit gut vor einer Lebensmittelintoleranz und Virusangriffen geschützt.*

Position 4, Liebe (Anael): *Klar Stellung zu beziehen – egal ob mündlich oder schriftlich – wirkt sich positiv auf die Beziehung aus. Hoffnungen werden endlich erfüllt.*

Position 5, Erfolg (Ariel): *Die Eloquenz, die Sie immer weiter perfektionieren, lässt Sie in jedem Bereich punkten. Vorstellungs- und Verkaufsgespräche sowie Prüfungen verlaufen erfolgreich.*

Position 6, Schicksal (Zachariel): *Sie genießen Schutz vor heimtückischen Angreifern. Risiken und Missverständnisse werden beseitigt, Intrigen zerschlagen.*

Position 7, Prüfungen (Cassiel): *Lösungen stehen noch aus, Hoffnungen werden nicht erfüllt. Sie warten auf ein Zeichen, das erst sehr spät kommt.*

Deutung im Rahmen des psychologischen Orakels

Position 1, Talente: *Sie sind eine erfolgreiche, optimistische, positiv eingestellte Person, die ihre eigenen Fehler zugeben kann.*

Position 2, Problem: *Sie gehen falsch an eine Situation heran, die Sie bedrückt. Unverschämtheiten, Sarkasmus und böswillige Absichten müssen unterbunden werden.*

Position 3, Ausgang: *Sie erringen einen endgültigen Sieg über einen Angreifer. Eine Hoffnung wird erfüllt, ein wichtiges Problem schnell gelöst.*

❖ Seheiah ❖

Der heilende Gott

Klasse der Herrschaften, Engel des Mars

Schlüsselwort: Medizin

Einsatzgebiete: das Leben allgemein, Gesundheit, Freundschaft

Wahrsagerische Bedeutung: Dank eines wundersamen Vorfalls werden riskante Situationen und Gefahren überwunden; Abhängigkeiten; Zerwürfnisse; Fehler und Richtungen sind zu korrigieren, die eigene Meinung ist zu überdenken; eine zerbrechliche Person, ein Freund, der in der Patsche sitzt, eine notwendige Hilfe

Aktive Zeit: 7. bis 12. August, Dienstag und Donnerstag

Deutung im Rahmen des allgemeinen Orakels

Position 1, Persönlichkeit (Michael): *Sie sind zerbrechlich und abhängig von Situationen, Gefühlen, Personen oder Stoffen. Wägen Sie die Risiken, die Sie eingehen, ab.*

Position 2, Gefühle (Gabriel): *Als Draufgänger lieben Sie das Risiko. Weiteres Stichwort: Abhängigkeit von Situationen und Personen.*

Position 3, Körper (Raphael): *Rauchen, Medikamente und Alkohol schädigen Ihren Körper und Ihr Nervensystem. Es besteht Hoffnung auf eine unverhoffte Heilung.*

Position 4, Liebe (Anael): *Sie führen eine Beziehung wie in einem Spielfilm, geprägt von komplizierten Verbindungen und Freundschaft. Übermäßige Abhängigkeit kann Krisen auslösen, wobei das Risiko eines Zerwürfnisses besteht.*

Position 5, Erfolg (Ariel): *Ein riskantes oder laufendes Projekt erfordert tief greifende Veränderungen. Sie müssen einem Freund aus der Patsche helfen.*

Position 6, Schicksal (Zachariel): *Dank eines wundersamen Ereignisses wird eine riskante Situation gelöst oder ein ernsthaftes Übel verhindert.*

Position 7, Prüfungen (Cassiel): *Eine unsichere, zerbrechliche Person, mit der schwer auszukommen ist, bereitet Ihnen Sorge und Unbehagen. Es kommt zu Auseinandersetzungen mit Freunden und Kollegen, Beziehungen gehen zu Bruch.*

Deutung im Rahmen des psychologischen Orakels

Position 1, Talente: *Sie haben viele Qualitäten, führen ein erfülltes und befriedigendes Leben und verfügen über die therapeutische Gabe, anderen zu helfen.*

Position 2, Problem: *Unvorhergesehenes, Kurzschlusshandlungen und falsche Entscheidungen aufgrund von Abhängigkeit bringen Sie in Schwierigkeiten.*

Position 3, Ausgang: *Eine Situation, die das Risiko eines Fehlers oder eines Falls birgt, ist sofort zu korrigieren. Unheil ist in Sicht.*

✢ Reiyel ✢

Der errettende Gott

Klasse der Herrschaften, Engel der Sonne
Schlüsselwort: Trost

Einsatzgebiete: Gesundheit, zwischenmenschliche Beziehungen

Wahrsagerische Bedeutung: Kommunikation; Verlagswesen; Werbung; Propaganda; Trost; Heilung; optimale Genesung nach einem geschwächten Zustand, einer Enttäuschung oder einer Niederlage; Vorsicht vor Feinden, die im Verborgenen handeln; eine erfolgreiche Person, ein Philosoph

Aktive Zeit: 13. bis 17. August, Donnerstag und Sonntag

Deutung im Rahmen des allgemeinen Orakels

Position 1, Persönlichkeit (Michael): *Sie haben den Willen, die Eloquenz, die Weisheit und ein besonderes Talent, um nach oben zu kommen.*

Position 2, Gefühle (Gabriel): *Sie misstrauen einem Gefühl und brauchen ständig Rückversicherung. Sie trösten immer die anderen, trösten Sie also auch sich selbst.*

Position 3, Körper (Raphael): *Nach einer Krankheit oder einem Eingriff erholen Sie sich schnell und vollständig.*

Position 4, Liebe (Anael): *Langsam beginnen alte Wunden zu heilen, aber die Präsenz eines Exfreundes/alten Rivalen macht die Dinge nicht einfacher.*

Position 5, Erfolg (Ariel): *Sie haben Erfolg auf der ganzen Linie im Bereich Bildung oder Verlagswesen. Die Weisheit, mit der Sie Schwierigkeiten meistern, hilft Ihnen bei der Selbstverwirklichung.*

Position 6, Schicksal (Zachariel): *Eloquenz, guter Wille und die Hilfe der Glücksgöttin sind Ihre Waffen. Ihre*

Großzügigkeit wird belohnt. Vor Feinden sind Sie gut geschützt.

Position 7, Prüfungen (Cassiel): *Sie haben mit Skeptikern, Fanatikern und Heuchlern zu kämpfen, die Ihnen große Schwierigkeiten bereiten. Vorsicht, Sie haben es mit gefährlichen Widersachern zu tun.*

Deutung im Rahmen des psychologischen Orakels

Position 1, Talente: *Durch Ihre Hilfsbereitschaft und Überzeugungskraft gelingt es Ihnen, in jeder Situation die richtigen Worte zu finden. Weitere Stichworte: Weisheit, Verstärkung.*

Position 2, Problem: *Bekannte oder verborgene Feinde stehen Ihnen im Weg und sind zu allem bereit, um Ihnen eine Niederlage beizubringen. Eine Kränkung oder ein beruflicher Fehlschlag beschäftigt Sie immer noch.*

Position 3, Ausgang: *Die Situation klärt sich, sobald die jeweiligen Positionen klar sind. Scharfsinn und Überzeugung führen zum Erfolg.*

⚜ Omael ⚜

Der geduldige Gott

Klasse der Herrschaften, Engel der Venus
Schlüsselwort: Widerstand

Einsatzgebiete: Existenz, Liebe, Natur

Wahrsagerische Bedeutung: Glückseligkeit; Erfülltheit; Befriedigung; Gesundheit; Fruchtbarkeit; perfekte Einheit; materieller und physischer Wohlstand; Interesse an und Heilung durch Tiere und Pflanzen; Mutterschaft; ein Paar, die Mutter, eine liebevolle, herzliche Person, ein Gynäkologe, ein Tierarzt

Aktive Zeit: 18. bis 22. August, Donnerstag und Freitag

Deutung im Rahmen des allgemeinen Orakels

Position 1, Persönlichkeit (Michael): *Ihre Geduld, Ihr Optimismus, Ihre Strapazierfähigkeit und Ihre Selbstständigkeit sind Ihre größten Pluspunkte.*

Position 2, Gefühle (Gabriel): *Ausgeglichenheit und Optimismus versüßen Ihnen das Leben. Das Gefühl der Zufriedenheit gibt Ihnen Sicherheit.*

Position 3, Körper (Raphael): *Sie sind gesund, sehen blendend aus und verfügen über große Kraftreserven. Wenn Sie eine Frau sind: Sie überwinden Ihre Unfruchtbarkeit und werden bald schwanger – aber nur wenn Sie möchten.*

Position 4, Liebe (Anael): *Sie sind glücklich und verkörpern mit Ihren zahlreichen Kindern und Haustieren die perfekte Familie. Finanzieller Wohlstand sorgt für die nötige Sicherheit.*

Position 5, Erfolg (Ariel): *Entschlossenheit und Optimismus beseitigen jedes Hindernis und machen das Feld in beruflicher Hinsicht frei. Sie werden große Erfolge feiern.*

Position 6, Schicksal (Zachariel): *Die Glücksgöttin ist Ihnen gewogen und sorgt für absolute Zufriedenheit. Vor Unannehmlichkeiten sind Sie geschützt, Sie überwinden alle Hindernisse.*

Position 7, Prüfungen (Cassiel): *Kleine Unannehmlichkeiten, mangelnde Begeisterung oder Unsicherheiten trüben teilweise Ihre Sicht.*

Deutung im Rahmen des psychologischen Orakels

Position 1, Talente: *Sie sind widerstandsfähig, geduldig, optimistisch, enthusiastisch, lachen gern und können die Dinge mit Abstand betrachten.*

Position 2, Problem: *Mehr als ein ernsthaftes Problem macht Ihnen eine Verspätung oder eine temporäre Unfruchtbarkeit zu schaffen. Dabei handelt es sich jedoch um nichts, das sich nicht ändern lässt.*

Position 3, Ausgang: *Optimismus und positives Denken beseitigen jedes Hindernis. Sie sind glücklich, erfüllt und zufrieden. Noch höher geht es nicht hinaus.*

Der inspirierende Gott

Klasse der Herrschaften, Engel des Merkur

Schlüsselwort: Intuition

Einsatzgebiete: persönliche Fähigkeiten, Arbeit

Wahrsagerische Bedeutung: geniale Ideen; gemeisterte Schwierigkeiten; Überraschungen; Anpassung; Veränderungen; Glück im Spiel; Habgier; Ängste und Widerstand müssen überwunden werden; eine unberechenbare, kreative Person, jemand, der die Natur und das Risiko liebt, ein Spieler, ein Sportler

Aktive Zeit: 23. bis 28. August, Mittwoch und Donnerstag

Deutung im Rahmen des allgemeinen Orakels

Position 1, Persönlichkeit (Michael): *Sie zeichnen sich durch zahlreiche Qualitäten aus: Intelligenz, Anpassungsfähigkeit, Sachlichkeit, Entschlossenheit und auch einen grünen Daumen. Demgegenüber haben Sie nur ein Laster: Geiz.*

Position 2, Gefühle (Gabriel): *Abwechslungsreichtum und Anpassungsfähigkeit gehen Hand in Hand: Sie sind bereit, sich zu ändern und Widerstände sowie Ängste zu besiegen – auch um Konflikte zu vermeiden.*

Position 3, Körper (Raphael): *Sie passen sich optimal an Ihre Umwelt an, nur Ihr Magen tut sich damit schwer.*

Position 4, Liebe (Anael): *Ihr unberechenbarer, kreativer, draufgängerischer Partner ist für Sie unverzichtbar. Sie müssen sich anpassen.*

Position 5, Erfolg (Ariel): *Es gereicht Ihnen jetzt zum Vorteil, dass Sie sich mit einer anfangs unschönen Situation angefreundet haben. Weitere Stichworte: umsetzen von genialen Ideen, Veränderungen, Überraschungen.*

Position 6, Schicksal (Zachariel): *Das Glück ist Ihnen im Spiel und in allen riskanten Situationen hold, frei nach dem Motto: Wer nicht wagt, der nicht gewinnt.*

Position 7, Prüfungen (Cassiel): *Große Schwierigkeiten müssen mit klarem Verstand im richtigen Augenblick angegangen werden. Habgier und die Angst, sich eine Blöße zu geben, sind hinderlich.*

Deutung im Rahmen des psychologischen Orakels

Position 1, Talente: *Sie sind intelligent, sachorientiert, praktisch veranlagt und anpassungsfähig. Wenn Sie sich schnell entscheiden müssen, entscheiden Sie sich immer für das Richtige.*

Position 2, Problem: *Veränderungen jagen Ihnen Angst ein und Sie fühlen sich von außen unter Druck gesetzt. Sie müssen mit einer unberechenbaren Person klarkommen.*

Position 3, Ausgang: *Alle Schwierigkeiten lösen sich dank einer schnellen, mutigen Entscheidung. Sich anzupassen hat positive Auswirkungen.*

✦ Vasariah ✦

Der gerechte Gott

Klasse der Herrschaften, Engel des Mondes
Schlüsselwort: Gerechtigkeit

Einsatzgebiete: zwischenmenschliche Beziehungen, rechtliche Angelegenheiten

Wahrsagerische Bedeutung: Geld; Glück; Schutz; rechtliche Angelegenheiten, die gelöst werden; persönliche Verantwortung; Klatsch und Fehler müssen verziehen werden; eine fleißige, effiziente, bestimmte Person, ein wohlgesinnter Kollege oder Vorgesetzter

Aktive Zeit: 29. August bis 2. September, Montag und Donnerstag

Deutung im Rahmen des allgemeinen Orakels

Position 1, Persönlichkeit (Michael): *Geduld, Toleranz und Verantwortungsbewusstsein helfen Ihnen bei der Arbeit und im Leben. Weitere Stichworte: hohe Effizienz, großes Engagement.*

Position 2, Gefühle (Gabriel): *Sie fühlen sich ungerecht behandelt, besonders das aggressive Verhalten Ihres Partners und anderer macht Ihnen zu schaffen. Weitere Stichworte: Klatsch, schwere Kränkungen.*

Position 3, Körper (Raphael): *Sie achten nicht genug auf sich selbst und leiden unter Beschwerden, die auf Anspannung oder den schlechten Umgang mit Ihrem Körper zurückzuführen sind.*

Position 4, Liebe (Anael): *Schwierigkeiten im Alltag stellen eine Beziehung auf den Prüfstand. Die einzige Lösung besteht darin, Verantwortung zu übernehmen und zu kooperieren.*

Position 5, Erfolg (Ariel): *Dank der Hilfe einer einflussreichen Persönlichkeit sichern Sie sich die beste Position.*

Position 6, Schicksal (Zachariel): *Sie sind vor Strafen und Aggressionen gut geschützt, auch im rechtlichen Umfeld. Weitere Stichworte: gutes Einkommen, eingetriebene Forderungen.*

Position 7, Prüfungen (Cassiel): *Schwierigkeiten, die Sie hemmen, lösen sich dank Ihres kontinuierlichen Einsatzes. Fehler und Ungerechtigkeiten sollten vergeben werden.*

Deutung im Rahmen des psychologischen Orakels

Position 1, Talente: *Ihr Pflichtbewusstsein, Ihre Effizienz und Sachlichkeit verschaffen Ihnen Respekt und Ansehen. Sie können verzeihen.*

Position 2, Problem: *Sorgen und Ungerechtigkeiten machen Sie mutlos. Hilfe fehlt.*

Position 3, Ausgang: *Vergebung erfolgt, eine Lösung ist möglich, vorausgesetzt, dass jeder bereit ist, Kompromisse einzugehen. Packen Sie eine Gelegenheit beim Schopf!*

✣ Yehuiah ✣

Der allwissende Gott

Klasse der Mächte, Engel des Uranus
Schlüsselwort: Disziplin

Einsatzgebiete: das Leben allgemein, Arbeit

Wahrsagerische Bedeutung: Selbstbeherrschung; Gehorsam; Respekt; die Fähigkeit, sich kurz zu fassen; Fortschritte und Erfolg in Beruf und Studium, besonders im wissenschaftlichen Umfeld; Forderungen, denen man sich widersetzen muss, und zu überwindende Feindseligkeiten; eine sozial engagierte Person, ein Wohltäter, disziplinierte Kinder

Aktive Zeit: 23. bis 7. September, Dienstag und Sonntag

Deutung im Rahmen des allgemeinen Orakels

Position 1, Persönlichkeit (Michael): *Sie sind ordentlich, gewissenhaft und loyal. Ihren Erfolg und Ihr Ansehen haben Sie sich durch Ihr Engagement redlich verdient.*

Position 2, Gefühle (Gabriel): *Das Vermeiden von Unordnung und Kurzschlusshandlungen schlägt Ihnen auf die Stimmung, denn das krampfhafte Unterdrücken von Gefühlen schadet.*

Position 3, Körper (Raphael): *Auch auf der körperlichen Ebene sind Sie gehemmt, was zu chronischen, wiederkehrenden Beschwerden führt. Ein klein wenig Sport wäre nützlich.*

Position 4, Liebe (Anael): *Die Person, die Sie lieben, ist treu, sanft und respektvoll, aber zu beherrscht. Kinder und häufiges soziales Engagement sorgen für Zufriedenheit.*

Position 5, Erfolg (Ariel): *Einsatz und Disziplin führen zu dem Erfolg, den Sie sich wünschen. Weitere Stichworte: soziale Studien, hohe Ziele.*

Position 6, Schicksal (Zachariel): *Eine wichtige Person tut Ihnen Gutes oder Sie selbst fungieren als Wohltäter im sozialen Bereich.*

Position 7, Prüfungen (Cassiel): *Ihre Ziele zu verfolgen ist nicht leicht, wenn Auflehnung, Feindseligkeit und Missgunst um Sie herum und in Ihnen herrschen.*

Deutung im Rahmen des psychologischen Orakels

Position 1, Talente: *Durch Ihre Gewissenhaftigkeit und Disziplin sind Sie für die Wissenschaft wie geschaffen. Sie zeichnen sich durch Selbstbeherrschung, Gehorsam und Respekt gegenüber anderen aus.*

Position 2, Problem: *Der Erfolg gibt Ihnen recht, aber Feindseligkeiten um Sie herum treiben Sie immer mehr in die Enge. Sie müssen sich entscheiden: Trennen Sie Wichtiges von Unwichtigem.*

Position 3, Ausgang: *Mit Engagement, Disziplin und viel Geduld gelingt es Ihnen, eine schwierige Aufgabe optimal zu meistern.*

⚜ Lehahiah ⚜

Der gnädige Gott

Klasse der Mächte, Engel des Saturn

Schlüsselwort: Altruismus

Einsatzgebiete: zwischenmenschliche Beziehungen, Arbeit, Gefühlsleben

Wahrsagerische Bedeutung: Loyalität; Treue; Hingabe; Disziplin; Belohnung; verdiente Entlohnung; Sicherheit im Beruf, die Arbeitsstelle bleibt erhalten beziehungsweise eine Entlassung wird verhindert; mögliche Wettkämpfe; Wut und Schläge unter die Gürtellinie, vor denen es sich zu hüten gilt; eine cholerische, aber gutmütige Person

Aktive Zeit: 8. bis 12. September, Dienstag und Samstag

Deutung im Rahmen des allgemeinen Orakels

Position 1, Persönlichkeit (Michael): *Sie sind loyal, kooperativ, gutmütig, groß-zügig und gerecht, aber Sie ärgern sich über Kleinigkeiten.*

Position 2, Gefühle (Gabriel): *Schwer kontrollierbare Gefühle und Ausbrüche sowie Zügellosigkeit rauben Ihnen Ener-gie und führen zu nichts.*

Position 3, Körper (Raphael): *Sie nei-gen zu Fieber und Entzündungen. Vor-sicht vor Enttäuschungen und Isolation.*

Position 4, Liebe (Anael): *Machen Sie sich keine Sorgen wegen eines Streits, der Beziehungsfrieden ist bald wiederherge-stellt. Weitere Stichworte: harmonisches Verhältnis, ein gut passender Partner.*

Position 5, Erfolg (Ariel): *Die Team-arbeit wird nach einer verhinderten Ent-lassung wieder aufgenommen. Kritik und Vorwürfe sind nicht zu unterschätzen.*

Position 6, Schicksal (Zachariel): *Nach einem Wettbewerb oder Rückschlag wer-den Ihre Verdienste und Beweggründe endlich anerkannt.*

Position 7, Prüfungen (Cassiel): *Die Menschen in Ihrem Umfeld sind nicht so loyal und kooperativ, wie Sie glauben. Hüten Sie sich vor einem Schlag unter die Gürtellinie.*

Deutung im Rahmen des psychologischen Orakels

Position 1, Talente: *Da Sie fair, loyal und verständnisvoll sind, gelten Sie als eine Person, die schon einige Weisheit erlangt hat. Auch sind Sie absolut treu.*

Position 2, Problem: *Ein Wutausbruch beziehungsweise eine impulsive Person muss besänftigt werden. Es besteht die Gefahr der Entlassung, eine Übernahme scheitert.*

Position 3, Ausgang: *Allmählich be-ginnen Sie, ein Problem gänzlich zu verstehen. Um ein Ziel zu erreichen, ist Teamarbeit nötig. Ein Streit wird durch Ruhe beigelegt.*

35 Chavakiah

Der Gott der Freude

Klasse der Mächte, Engel des Jupiter
Schlüsselwort: Vergebung

Einsatzgebiete: Familie, zwischenmenschliche Beziehungen

Wahrsagerische Bedeutung: wiedergefundenes Gleichgewicht; Genesung von Körper und Geist; Versöhnung in der Beziehung oder der Familie; beigelegte Unstimmigkeiten; Frieden; Anteilnahme

Aktive Zeit: 13. bis 17. September, Dienstag und Donnerstag

Deutung im Rahmen des allgemeinen Orakels

Position 1, Persönlichkeit (Michael): *Sie sind eine zarte Seele und geben leicht nach. Sie beziehen nur ungern Position, doch wenn die anderen für Sie entscheiden, kommen Sie zu kurz.*

Position 2, Gefühle (Gabriel): *Statt Dinge zu klären, ziehen Sie sich zurück und verstecken Ihre Probleme sogar vor Ihrem engsten Umfeld.*

Position 3, Körper (Raphael): *Eine Heilung durch Pflanzen, Kristalle und Thermalwasser ist garantiert. Weiteres Stichwort: langwierige Genesung, die aber Grund zur Freude gibt.*

Position 4, Liebe (Anael): *Das Gefühl, dass aus der Beziehung etwas die Luft raus ist, verfliegt und sie kommt wieder in Schwung. Sie sind mit Ihrem Partner auf einer Wellenlänge.*

Position 5, Erfolg (Ariel): *Andere Ansichten vorbehalt- und kritiklos zu akzeptieren bringt Sie im Beruf voran.*

Position 6, Schicksal (Zachariel): *Wenn Sie die spirituelle Orientierung verloren haben, bringt Sie jemand wieder in die richtige Richtung. Weitere Stichworte: Ideen, Projekte und Siege voller Harmonie.*

Position 7, Prüfungen (Cassiel): *Ihre Nachgiebigkeit bereitet Ihnen Probleme. Vorsicht vor einer egoistischen Person, die Sie ausnutzen will.*

Deutung im Rahmen des psychologischen Orakels

Position 1, Talente: *Dank Ihrer harmonischen, toleranten und friedvollen Haltung sind Sie ein hervorragender Schlichter. Sie entschärfen Auseinandersetzungen bereits im Frühstadium.*

Position 2, Problem: *Sie sind zu nett und beziehen nur ungern Stellung, das macht Sie schnell zum Opfer. Es ist notwendig, eine Streitigkeit zu klären.*

Position 3, Ausgang: *Eine Konfliktsituation kommt langsam wieder ins Lot. Weitere Stichworte: wiederhergestelltes Gleichgewicht, Versöhnung.*

36 Menadel

Der anbetungswürdige Gott

Klasse der Mächte, Engel des Mars

Schlüsselwort: Rat

Einsatzgebiete: Gesundheit, zwischenmenschliche Beziehungen, Zuhause

Wahrsagerische Bedeutung: Schwierigkeiten im Beruf und bei der Wiedereingliederung; Unzufriedenheit; neue Arbeitsstelle; mangelnde Effizienz; Unordnung; Gefühle im Ungleichgewicht; Ziele müssen überdacht und Klarheit geschaffen werden; Neubeginn; eine faule und verantwortungsscheue Person, ein unreifer Jugendlicher, rebellische, undisziplinierte Kinder

Aktive Zeit: 18. bis 23. September, Dienstag

Deutung im Rahmen des allgemeinen Orakels

Position 1, Persönlichkeit (Michael): *Sie sind ehrgeizig und altruistisch, aber mit Routinetätigkeiten kommen Sie nicht klar. Weitere Stichworte: innere Ungeduld, Anspannung und Aufruhr.*

Position 2, Gefühle (Gabriel): *Durch Ihre emotionale Unreife geben Sie sich Illusionen hin. Sie verwechseln Träume mit der Realität.*

Position 3, Körper (Raphael): *Unordnung und Faulheit wirken sich auch auf den Körper aus. Sie neigen zu Cellulitis und hormonellem Ungleichgewicht.*

Position 4, Liebe (Anael): *Sie sind unzufrieden und führen einen aussichtslosen Kampf gegen ein Gefühl, das immer wieder hochkommt.*

Position 5, Erfolg (Ariel): *Ein Tapetenwechsel oder eine neue Arbeitsstelle wird nach einer Niederlage nötig.*

Position 6, Schicksal (Zachariel): *Eine notwendige Veränderung wird sich als positiv erweisen und hilft Ihnen, die eigenen Fehler zu erkennen.*

Position 7, Prüfungen (Cassiel): *Die Eingewöhnung in ein neues Umfeld ist anstrengend. Weitere Stichworte: außergewöhnliche Pläne und Fehler, die wiedergutgemacht werden müssen.*

Deutung im Rahmen des psychologischen Orakels

Position 1, Talente: *Sie sind mutig, altruistisch sowie unparteiisch und machen als aktive Persönlichkeit, die bestrebt ist, anderen zu helfen, Eindruck.*

Position 2, Problem: *Da ein Projekt nicht gut durchdacht ist oder nicht die geeignete Methode gewählt wurde, sind Ihre Bemühungen fruchtlos. Weitere Stichworte: Widerstand, Unordnung, fehlende Klarheit, Schwierigkeiten, sich einzugliedern.*

Position 3, Ausgang: *Durch den falschen Umgang mit einer Situation erleiden Sie eine Niederlage, einen Zusammenbruch oder eine Enttäuschung. Sie müssen von vorne anfangen und dabei mehr Durchsetzungsvermögen und Verantwortung an den Tag legen.*

 ✣ **Aniel** ✣

Der tugendhafte Gott

Klasse der Mächte, Engel der Sonne
Schlüsselwort: Überblick

Einsatzgebiete: Bildung, Arbeit

Wahrsagerische Bedeutung: Erfolg im Studium und im Beruf, vor allem im wissenschaftlichen Umfeld; Ruhm im eigenen Bereich; wiedererlangtes Gleichgewicht; akzeptierte Veränderungen; Wut, Intoleranz und Ängste werden überwunden; Klärung; entscheidende Handlung; eine mutige und aktive Person, ein Forscher, ein Wissenschaftler

Aktive Zeit: 24. bis 28. September, Dienstag und Sonntag

Deutung im Rahmen des allgemeinen Orakels

Position 1, Persönlichkeit (Michael): *Sie sind aktiv, mutig und Ihrem Umfeld durchaus bekannt. Sie brillieren durch Initiative und Entschlossenheit.*

Position 2, Gefühle (Gabriel): *Sie haben Angst vor Veränderungen, sind sehr empfindlich und gehen leicht an die Decke.*

Position 3, Körper (Raphael): *Ihre Muskeln sind steif, angespannt und neigen zu Entzündungen.*

Position 4, Liebe (Anael): *Ihre Beziehung ist kein Zuckerschlecken, Aggressivität und Spannungen vergiften das Klima.*

Position 5, Erfolg (Ariel): *Sie haben das Zeug, um erfolgreich zu sein, besonders im mathematisch-wissenschaftlichen Bereich.*

Position 6, Schicksal (Zachariel): *Ihr Schicksal ist verbunden mit Berühmtheit und der Forschung. Teilen Sie das, was Sie empfangen haben, mit anderen.*

Position 7, Prüfungen (Cassiel): *Sie müssen sich noch viele Fehler eingestehen und diese wiedergutmachen, denn wenn Sie nicht aus Ihrem gewohnten Schema ausbrechen, bilden Sie sich ein, dass Sie im Recht sind.*

Deutung im Rahmen des psychologischen Orakels

Position 1, Talente: *Sie sind brillant in der Forschung und behalten stets den Überblick, weshalb Sie optimal für die Arbeit in der Wissenschaft geeignet sind, wo Sie auch Erfolg haben werden.*

Position 2, Problem: *Eine übertriebene Reaktion und eine anfangs unangenehme Veränderung machen Ihnen zu schaffen. Weitere Stichworte: Ängste, Ungeduld.*

Position 3, Ausgang: *Durch eine mutige und entscheidende Handlung entsteht ein großer Erfolg. Nach einer schwierigen Veränderung kommt das Leben wieder in Schwung.*

✣ Haamiah ✣

Gott, die Hoffnung bis zum Ende der Welt

Klasse der Mächte, Engel der Venus
Schlüsselwort: Unglück

Einsatzgebiete: Gefühlsleben, zwischenmenschliche Beziehungen, Liebe

Wahrsagerische Bedeutung: eine lange und innige Liebe; eine fatale Begegnung; Charisma; Eloquenz; Charme; ein verbessertes Äußeres; Flucht vor Risiken; Reisen in ferne Länder; der Partner, der Ehemann, ein Künstler, eine talentierte und der Spiritualität zugeneigte Person

Aktive Zeit: 29. September bis 3. Oktober, Dienstag und Freitag

Deutung im Rahmen des allgemeinen Orakels

Position 1, Persönlichkeit (Michael): *Sie sind liebevoll, sensibel und achten auf die Bedürfnisse anderer. Sie geben sehr viel, bekommen aber auch ebenso viel zurück.*

Position 2, Gefühle (Gabriel): *Kunst und Schönheit haben sehr große Wirkung auf Ihre Stimmung. Sie sind sehr kreativ.*

Position 3, Körper (Raphael): *Ihr Äußeres ist makellos, alles steht in perfekter Harmonie. Optische Verbesserungen sind gelungen.*

Position 4, Liebe (Anael): *Ihnen steht ein außergewöhnlicher Partner zur Seite, der Sie bedingungslos liebt.*

Position 5, Erfolg (Ariel): *Charisma, Charme und Talent lassen Sie auch in fremden Ländern bekannt werden. Erfolge in den Bereichen Kunst und Mode.*

Position 6, Schicksal (Zachariel): *Ihr Auftreten und Ihre Redegewandtheit sorgen dafür, dass Ihnen alles mühelos zufliegt.*

Position 7, Prüfungen (Cassiel): *Machen Sie sich keine unnötigen Sorgen wegen einiger kleinerer Hindernisse. Sie sind unerheblich. Sie haben Angst vor einer Konfrontation mit Menschen, die reifer sind als Sie.*

Deutung im Rahmen des psychologischen Orakels

Position 1, Talente: *Sie sind tiefgründig, präsent, charmant, überzeugend und deshalb eine gute Mischung, in die man sich einfach verlieben muss.*

Position 2, Problem: *Ein Zwischenfall während einer Reise oder ein Risiko, das tatsächlich eintritt, beunruhigt Sie.*

Position 3, Ausgang: *Eine unverhoffte Lösung beziehungsweise ein außergewöhnliches Treffen wird Ihr Leben verändern. Es ist der Beginn einer wundervollen Geschichte.*

✢ Rehael ✢

Der vergebende Gott

Klasse der Mächte, Engel des Merkur

Schlüsselwort: Liebe

Einsatzgebiete: Gesundheit, Freundschaft, Liebe

Wahrsagerische Bedeutung: Gesundheit; Heilung; wiedergefundenes Gleichgewicht; stabile Freundschaften; starke Gefühle in der Familie; Harmonie zwischen Eltern und Kindern; Bildungsmaßnahmen; Geburt; Familienmenschen, Großeltern, Eltern

Aktive Zeit: 4. bis 8. Oktober, Dienstag und Mittwoch

Deutung im Rahmen des allgemeinen Orakels

Position 1, Persönlichkeit (Michael): *Wegen Ihrer sympathischen, zuverlässigen Art genießen Sie Ansehen und Respekt. Sie erfreuen sich zudem bester Gesundheit – eine beneidenswerte Situation.*

Position 2, Gefühle (Gabriel): *Ihre Gefühle befinden sich perfekt im Gleichgewicht. Sie lassen ihnen freien Lauf, ohne sie zu unterdrücken oder Angst zu haben, von ihnen überrumpelt zu werden.*

Position 3, Körper (Raphael): *Sie strotzen vor Gesundheit. Das erkennt man an Ihrer Haut, Ihren Haaren und Ihrer Figur. Es erwartet Sie ein langes Leben.*

Position 4, Liebe (Anael): *Ihr Partner und Sie sind sich gegenseitig treu, was zu außergewöhnlicher Harmonie führt. Ein Wunschkind kündigt sich an.*

Position 5, Erfolg (Ariel): *Ihre makellose Karriere kann durch eine berufliche Fortbildung noch optimiert werden.*

Position 6, Schicksal (Zachariel): *Sie genießen Schutz vor Gefahren und Personen, die Ihnen Energie rauben. Ein Freund kümmert sich um Sie.*

Position 7, Prüfungen (Cassiel): *Präzisieren Sie Ihre Ziele. Es gibt einige Schwierigkeiten bei der Kindererziehung.*

Deutung im Rahmen des psychologischen Orakels

Position 1, Talente: *Sie sind liebenswert, treu, respektvoll, aufgeklärt und haben beste Chancen, geliebt zu werden.*

Position 2, Problem: *Es gibt eigentlich kein Problem, nur leichtes Unwohlsein, das sich mit Naturheilmitteln problemlos beseitigen lässt.*

Position 3, Ausgang: *Sie können in jeder Situation auf stabile Freundschaften und starke familiäre Bindungen zählen. Weitere Stichworte: Geburt, Beginn, Glückseligkeit, Gleichgewicht.*

✣ Ieiazel ✣

Der fröhliche Gott

Klasse der Mächte, Engel des Mondes
Schlüsselwort: Freude

Einsatzgebiete: das Leben allgemein, zwischenmenschliche Beziehungen

Wahrsagerische Bedeutung: Kommunikation; Presse; Marketing; Kino; Kultur; Nahrung für Körper und Geist; Befreiung; Feindschaften und Ängste, denen kein Gewicht beigemessen werden darf; Fröhlichkeit; Überraschungen; beruhigende Nachrichten; Feierlichkeiten; eine Person, die verabschiedet und vergessen werden sollte

Aktive Zeit: 9. bis 13. Oktober, Montag und Dienstag

Deutung im Rahmen des allgemeinen Orakels

Position 1, Persönlichkeit (Michael): *Mit Ihrer kommunikativen, geselligen, optimistischen und fröhlichen Art sorgen Sie für frischen Wind.*

Position 2, Gefühle (Gabriel): *Mit Zuversicht und Optimismus besiegen Sie negative Gefühle und die Angst vor Neuem.*

Position 3, Körper (Raphael): *Es gibt beruhigende Nachrichten bezüglich einer klinischen Untersuchung. Körperlich kommen Sie durch die richtige Ernährung wieder in Form.*

Position 4, Liebe (Anael): *Eine Beziehung, die ohne großes Drama zu Ende geht. Eine Person, die nicht zu Ihnen passt, sollten Sie gehen lassen.*

Position 5, Erfolg (Ariel): *Sie feiern Erfolge in den Bereichen Verlagswesen, Kultur und Kunst. Eine Prüfung wird mit Bestnoten abgeschlossen.*

Position 6, Schicksal (Zachariel): *Eine Überraschung, eine Party, ein fröhliches Wiedersehen in der Familie oder ein Essen mit Freunden steht Ihnen ins Haus.*

Position 7, Prüfungen (Cassiel): *Neider und einnehmende Freunde rauben Ihnen die Energie. Sie müssen erbarmungslos aussortieren.*

Deutung im Rahmen des psychologischen Orakels

Position 1, Talente: *Sie sind fröhlich, kommunikativ und können sehr gut Wesentliches von Unwesentlichem trennen. Sie behalten stets den Überblick.*

Position 2, Problem: *Sie fühlen sich unterdrückt und haben Angst vor einer wichtigen Entscheidung. Weitere Stichworte: Feindschaften, Missgunst und große Ängste.*

Position 3, Ausgang: *Eine gute Nachricht bringt Befreiung und Erleichterung. Ein kulturelles Event sollte fröhlich gefeiert werden.*

⊹ Hahahel ⊹

Der dreieinige Gott

Klasse der Fürstentümer, Engel des Uranus
Schlüsselwort: Inspiration

Einsatzgebiete: Reisen, Freundschaft, Gefühlsleben

Wahrsagerische Bedeutung: eine Wahl ist zu treffen, eine Schwierigkeit zu überstehen; Hindernisse; Unsicherheit; einflussreiche Freunde; Hilfe; lohnenswerte Reisen; eine weise, kultivierte und spirituelle Person, ein Fremder

Aktive Zeit: 14. bis 18. Oktober, Sonntag

Deutung im Rahmen des allgemeinen Orakels

Position 1, Persönlichkeit (Michael): *Das Spirituelle ist für Sie fundamental, aber Sie sperren sich noch dagegen und leiden deswegen unbewusst.*

Position 2, Gefühle (Gabriel): *Durch Ihre zunehmende Weisheit werden Ihre Gefühle klar und deutlich. Weitere Stichworte: Intuition, Wahrträume.*

Position 3, Körper (Raphael): *Sie sind derart mit dem Thema Spiritualität beschäftigt, dass Sie darüber Ihren Körper vernachlässigen.*

Position 4, Liebe (Anael): *In Ihren Beziehungen dominieren weniger Leidenschaft als vielmehr Freundschaft, Harmonie und Zusammenhalt.*

Position 5, Erfolg (Ariel): *Sie haben besonderes Talent als Schlichter und können sich in Rechtsberufen, als Verkäufer oder Künstler profilieren. Im Ausland winkt das Glück.*

Position 6, Schicksal (Zachariel): *Reisen entspannt und bereichert Sie. Weitere Stichworte: enge Beziehung zu Ausländern, Hilfe von einflussreicher Seite.*

Position 7, Prüfungen (Cassiel): *Materielle Wünsche lösen in Ihrem Inneren schmerzhafte Konflikte aus. Eine unvermeidliche, schwierige Wahl ist zu treffen. Sie werden auf Hindernisse stoßen.*

Deutung im Rahmen des psychologischen Orakels

Position 1, Talente: *Sie sind weise, intuitiv, erhaben und fast schon mystisch. Materielles lockt Sie daher wenig.*

Position 2, Problem: *Ihnen schwirrt der Kopf. Sie können Gutes nicht von Schlechtem trennen. Bisher haben Sie das Spirituelle abgelehnt, aber das beginnt sich jetzt zu ändern.*

Position 3, Ausgang: *Eine Wahl wird getroffen, eine Schwierigkeit überwunden, auch dank der Hilfe einer einflussreichen, ehrwürdigen Persönlichkeit.*

✢ Mikael ✢

Die Heimstätte Gottes

Klasse der Fürstentümer, Engel des Saturn
Schlüsselwort: Diplomatie

Einsatzgebiete: Reisen, Politik, Arbeit

Wahrsagerische Bedeutung: Aufgehen in Rollen und bewusstes Handeln in bestimmten Situationen; Treue zu Idealen und Personen; zu lösende Aufgaben; Schulden und Wechsel müssen beglichen werden; unumgängliche Pflichten; rechtmäßige Forderungen; kritisches Urteilsvermögen; ein Angestellter, ein herzlicher, vertrauter Mitarbeiter, ein zuverlässiger Helfer

Aktive Zeit: 19. bis 23. Oktober, Samstag und Sonntag

Deutung im Rahmen des allgemeinen Orakels

Position 1, Persönlichkeit (Michael): *Sie gelten als zuverlässig, fair und haben ein starkes Pflichtbewusstsein, was Ihnen ein hohes Ansehen einbringt. Sie sind Prinzipien und Menschen treu.*

Position 2, Gefühle (Gabriel): *Zu viel Strenge und Regeln beeinträchtigen Ihre Gefühle. Hemmungen müssen überwunden werden.*

Position 3, Körper (Raphael): *Damit es Ihnen wirklich gut geht, brauchen Sie gute Angewohnheiten. Sie unterschätzen die Auswirkungen von in der Vergangenheit erfahrenem Missbrauch.*

Position 4, Liebe (Anael): *Durch Ihre absolute Treue gegenüber Regeln und Menschen sind Sie ein Partner, der jeder Versuchung widersteht. Aber Vorsicht: Lassen Sie sich nicht alles gefallen.*

Position 5, Erfolg (Ariel): *Ihre gute Vorbereitung und Redegewandtheit lassen Sie Berühmtheit erlangen, besonders im politischen oder rechtlichen Umfeld. Wehren Sie sich gegen rechthaberische Chefs und unehrliche Kollegen.*

Position 6, Schicksal (Zachariel): *Sie sind optimal vor Unfällen, Komplotten und ungerechtfertigten Forderungen geschützt.*

Position 7, Prüfungen (Cassiel): *Übernehmen Sie Verantwortung. Schulden müssen beglichen und Versprechen gehalten werden – auch wenn es schwerfällt.*

Deutung im Rahmen des psychologischen Orakels

Position 1, Talente: *Sie sind diplomatisch, ausgeglichen, verständig, verantwortungsbewusst, gehorsam und präzise. Damit vereinen sich in Ihnen so viele Tugenden, dass es schwerfällt, ein Laster zu finden.*

Position 2, Problem: *Sie haben es mit einer zu perfekten Person zu tun, in deren Gegenwart Sie sich nicht wohlfühlen. Weitere Stichworte: eine schwere Schuld, eine unumgängliche Pflicht.*

Position 3, Ausgang: *Wenn Sie Ihren Aufgaben nachkommen, können Sie nichts falsch machen. Weitere Stichworte: wiedererlangtes Gleichgewicht, erfüllte Pflichten, Schutz weit weg von zu Hause.*

Gott, der Herrscher

Klasse der Fürstentümer, Engel des Jupiter
Schlüsselwort: Kraft

Einsatzgebiete: Gesundheit, Arbeit, Beziehungen

Wahrsagerische Bedeutung: radikale Veränderung; schmerzhafter, aber nützlicher Wandel; Notwendigkeit, von vorne anzufangen; Rekonstruktion; temporäre Isolation; Befreiung; freiwilliger Verzicht; zu besiegende Depression; Wiederaufblühen nach einer schwierigen Phase; Wechsel; eine am Boden zerstörte Person, ein Einzelgänger, jemand, der depressiv ist

Aktive Zeit: 24. bis 28. Oktober, Donnerstag und Sonntag

Deutung im Rahmen des allgemeinen Orakels

Position 1, Persönlichkeit (Michael): *Sie sind an einem Punkt angelangt, an dem Sie nicht mehr weiterwissen, und brauchen einen Tapetenwechsel. Eine Enttäuschung oder ein Bruch zwingt Sie, Ihre Entscheidungen zu überdenken.*

Position 2, Gefühle (Gabriel): *Verbittert und desorientiert versinken Sie im Chaos und in Widersprüchen. Sie fühlen sich gehemmt und eingeengt.*

Position 3, Körper (Raphael): *Sie leiden an Depressionen und die Einsamkeit macht Sie kaputt. Sie müssen Ihre Neigungen erkennen und Ihre Triebe kontrollieren. Widersprüche sind zu lösen.*

Position 4, Liebe (Anael): *Sie durchleben eine Phase der Einsamkeit, die Ihnen zu schaffen macht. Auch aus der Öffentlichkeit ziehen Sie sich zurück. In der Familie fühlen Sie sich unverstanden, aber das Glück in der Liebe ist nah.*

Position 5, Erfolg (Ariel): *Eine radikale Veränderung bei der Arbeit steht bevor. Weitere Stichworte: Freistellung, freiwillige Aufgabe einer zu belastenden*

Tätigkeit, Prüfung, Vorstellungsgespräch, Beförderung beziehungsweise Degradierung/Zurückstufung.

Position 6, Schicksal (Zachariel): *Wenn Sie anderen helfen, helfen Sie auch sich selbst. Ein Verzicht birgt eine große Chance.*

Position 7, Prüfungen (Cassiel): *Eine unumkehrbare Veränderung, ein Bruch oder eine Begegnung hat definitiv Einfluss auf Ihre Beziehungen. Fesseln sind zu lösen oder fremde Einflüsse einzuschränken. Sie sind an einem Tiefpunkt angelangt.*

Deutung im Rahmen des psychologischen Orakels

Position 1, Talente: *Sie sind aktiv, fröhlich und mutig. Dadurch gelingt es Ihnen, selbst radikalen Veränderungen mit einem Lächeln zu begegnen.*

Position 2, Problem: *Sie durchleben eine kritische Zeit, in der Verwirrung und Mutlosigkeit keine Seltenheit sind.*

Position 3, Ausgang: *Sie müssen sich mit Ihrem Schicksal abfinden, kämpfen Sie nicht dagegen an. Glück und Sicherheit warten schon auf Sie.*

✣ Yelahiah ✣

Der ewige Gott

Klasse der Fürstentümer, Engel des Mars
Schlüsselwort: Mut

Einsatzgebiete: zwischenmenschliche Beziehungen, Rechtsfragen

Wahrsagerische Bedeutung: Mut; wichtige Entscheidung; Ende eines Kampfes für ein bestimmtes Ziel; Hochmut; Kampfgeist; Rache für erlittenes Unrecht; Genugtuung; erhaltene Entschädigung; eine hochmütige und kampflustige Person, die entschlossen ist, ihr Revier zu verteidigen und das zu bekommen, was sie will

Aktive Zeit: 28. Oktober bis 2. November, Dienstag und Sonntag

Deutung im Rahmen des allgemeinen Orakels

Position 1, Persönlichkeit (Michael): *Ihre Entschlossenheit und Ihr Ehrgeiz machen Sie zur Kämpfernatur. Sie setzen sich gegen Ungerechtigkeiten zur Wehr, müssen aber aufpassen, dass Sie dabei nicht selbst ungerecht werden!*

Position 2, Gefühle (Gabriel): *Aggressionen und Egozentrik vereiteln Ihre guten Absichten. Bevor Sie eine wichtige Entscheidung treffen, sollten Sie die Emotionen abkühlen lassen.*

Position 3, Körper (Raphael): *Ihr Körper wird mit Krankheiten gut fertig, aber Sie neigen zu Entzündungen und sind empfindlich gegenüber der Sonne.*

Position 4, Liebe (Anael): *Eine klare, mutige Entscheidung macht sich auch in der Liebe bezahlt, besonders wenn jemand versucht, Sie in Ihrer persönlichen Freiheit einzuschränken. Ein Problem wird durch rechtliche Schritte gelöst.*

Position 5, Erfolg (Ariel): *Sie siegen in einem Wettbewerb. Weitere Stichworte: gewerkschaftliche Forderung, Beförderung, Schadenersatz.*

Position 6, Schicksal (Zachariel): *Das Glück ist Ihnen auf Reisen hold und schützt Sie vor unvorhersehbaren Zwischenfällen. Sie erhalten eine Entschädigung für erlittenen Schaden.*

Position 7, Prüfungen (Cassiel): *Sie leiden unter den Nachwirkungen aggressiven Verhaltens oder einer Ungerechtigkeit, die Sie erlitten haben. Sie erhalten eine Zahlung von einer Versicherung oder eine Erbschaft.*

Deutung im Rahmen des psychologischen Orakels

Position 1, Talente: *Sie sind mutig, entschlossen, fordernd und kämpfen hart für das, woran Sie glauben. Sie können all Ihre Rechte geltend machen und bekommen das, was Ihnen zusteht.*

Position 2, Problem: *Sie wollen Gerechtigkeit, aber Stolz und Aggressionen legen Ihnen Steine in den Weg.*

Position 3, Ausgang: *Sie bekommen in allen Punkten recht und erfahren die Wiedergutmachung, auf die Sie hoffen.*

✤ Sealiah ✤

Der unterhaltsame Gott

Klasse der Fürstentümer, Engel der Sonne
Schlüsselwort: Berühmtheit

Einsatzgebiete: das Leben allgemein, Gesundheit, Arbeit

Wahrsagerische Bedeutung: erreichte Ziele; gut angegangene Unternehmungen; Entschädigung; Anerkennung von Verdiensten und Talenten; erlittene Demütigungen, die überwunden sind oder überwunden werden können; Befreiung; ansteckender Enthusiasmus; wertvolle Anreize; die Fähigkeit, gegen den Strom zu schwimmen; Fruchtbarkeit; fast schon wundersame Heilung; eine Person, die gegen den Strom schwimmt, ein Pionier, ein Anführer

Aktive Zeit: 23. bis 7. November, Sonntag

Deutung im Rahmen des allgemeinen Orakels

Position 1, Persönlichkeit (Michael): *Sie sind diplomatisch und bescheiden. Sie übernehmen sich nicht und handeln nicht auf Kosten anderer. Ihre Entscheidungen sind stets ausgewogen.*

Position 2, Gefühle (Gabriel): *Ihre Präsenz wirkt beruhigend. Sie dramatisieren die Dinge nicht und lassen sich nicht von Emotionen steuern.*

Position 3, Körper (Raphael): *Sie erfreuen sich bester Gesundheit und sind auch geistig fit. Haben Sie in der Vergangenheit an schlimmen Krankheiten gelitten, ist die Heilung garantiert.*

Position 4, Liebe (Anael): *In Ihrer Beziehung zeigen sich wieder Begeisterung, Zuneigung und Unternehmungsgeist, nachdem Sie Ihren Stolz überwunden haben. Ein Rivale kann Ihnen nicht das Wasser reichen.*

Position 5, Erfolg (Ariel): *Sie schwimmen gegen den Strom, was zeigt, dass Sie mutig sind und Führungsqualitäten haben. Weitere Stichworte: erreichte Ziele, erfolgreiche Unternehmungen.*

Position 6, Schicksal (Zachariel): *Sie sind vor Veruntreuung, einem Betrüger oder einem Tyrannen sicher.*

Position 7, Prüfungen (Cassiel): *Ihr Stolz und der Wunsch, jemanden büßen zu lassen, werfen ein schlechtes Licht auf Sie. Vorsicht vor einer aufdringlichen, tyrannischen Person.*

Deutung im Rahmen des psychologischen Orakels

Position 1, Talente: *Sie gehen zielstrebig Ihren Weg, auch wenn Sie gegen den Strom schwimmen müssen. Dabei müssen Sie nicht einmal Ihre Stimme erheben. Man kennt Sie als freundlich, bescheiden, bestimmt und sehr konstruktiv.*

Position 2, Problem: *Sie müssen sich mit einer unverschämten, aggressiven und anmaßenden Person herumschlagen, die entschlossen ist, Ihnen Steine in den Weg zu legen.*

Position 3, Ausgang: *Wenn Sie sich zuvorkommend zeigen, behalten Sie die Oberhand. Es wird um Vergebung gebeten. Weitere Stichworte: erreichte Ziele, Anerkennung von Verdiensten, aus dem Weg geräumtes Unrecht.*

✤ Auriel ✤

Der enthüllende Gott

Klasse der Fürstentümer, Engel der Venus

Schlüsselwort: Klarheit

Einsatzgebiete: Bildung, Arbeit, Gesundheit

Wahrsagerische Bedeutung: Einkommen; Gewinne; Reichtum; ertragreiche Geldanlagen; gute Chancen, die genutzt werden müssen; Effizienz; positive Veränderungen; gute Intuition; seherische Gaben; Scharfsinn; sechster Sinn; gelungene Unternehmungen; gewinnbringende Entscheidungen; Erfolge im Sport; eine strahlende, entschlossene Persönlichkeit, ein Athlet, ein Börsenmakler, ein Glücksspieler

Aktive Zeit: 8. bis 12. November, Freitag und Sonntag

Deutung im Rahmen des allgemeinen Orakels

Position 1, Persönlichkeit (Michael): *Sie sind ehrgeizig, intelligent, scharfsinnig und zielstrebig. Weitere Stichworte: Entscheidungskraft, Effizienz, Selbstachtung, Kampfgeist im Sport.*

Position 2, Gefühle (Gabriel): *Ihre Gefühlswelt ist rege und vielfältig, aber völlig im Einklang mit Ihrer inneren Harmonie. Sie haben Wahrträume und eine gute Intuition.*

Position 3, Körper (Raphael): *Sportliche Aktivitäten geben Ihnen Kraft und formen Ihren Körper. Sie erholen sich nach einem Eingriff, einer Krankheit oder einem Unfall sehr gut.*

Position 4, Liebe (Anael): *Sie begegnen einer äußerst interessanten Person. Lassen Sie sich diese Chance nicht entgehen und bemühen Sie sich darum, die Person näher kennenzulernen.*

Position 5, Erfolg (Ariel): *Ihre Eingebung bewirkt eine positive Veränderung bei der Arbeit. Eine spontan gefällte Entscheidung erweist sich als genau richtig.*

Position 6, Schicksal (Zachariel): *In den Bereich Finanzen kommt Bewegung. Weitere Stichworte: Einkommen, gute Investitionen, Glück im Spiel.*

Position 7, Prüfungen (Cassiel): *Alles läuft wie am Schnürchen und das, was Sie als Schwierigkeiten empfinden, sind lediglich leichte Verzögerungen. Ein Ergebnis wird etwas schlechter ausfallen als erwartet.*

Deutung im Rahmen des psychologischen Orakels

Position 1, Talente: *Sie sind nüchtern, feinfühlig und vertrauen auf Ihre Intuition, auf sich selbst und Ihre Fähigkeiten. Sie erkennen Chancen und ergreifen sie.*

Position 2, Problem: *Alles, was Ihrer Meinung nach ein Problem ist, erweist sich nur als zeitweise Unterbrechung oder kleinere Unannehmlichkeiten.*

Position 3, Ausgang: *Wie auch immer die Dinge sich entwickeln, Sie gewinnen. Weitere Stichworte: positive Veränderungen, wertvolle Einsichten, lohnenswerte Unternehmungen.*

— ✤ *Asaliah* ✤

Der Gott der Wahrheit

Klasse der Fürstentümer, Engel des Merkurs

Schlüsselwort: Esoterik

Einsatzgebiete: Gefühlsleben, Bildung

Wahrsagerische Bedeutung: geniale Ideen; gut durchdachte Projekte; eingeschränkter Einfluss; offenbarte Geheimnisse; vermiedene Skandale; zu überdenkende Entschlüsse; gute, aber nur langsam umsetzbare Ziele; eine unbekümmerte, geschwätzige Person

Aktive Zeit: 13. bis 17. November, Mittwoch und Sonntag

Deutung im Rahmen des allgemeinen Orakels

Position 1, Persönlichkeit (Michael): *Sie denken logisch, fassen sich kurz und verfügen über ein sehr gutes Gedächtnis. Sie sind bestimmt, konstruktiv und können selbst schier unmögliche Ziele erreichen.*

Position 2, Gefühle (Gabriel): *Einige Schwierigkeiten ergeben sich aus peinlichen Situationen, Skandalen und Geheimnissen, die gegenüber Menschen gelüftet werden, die nichts verstehen.*

Position 3, Körper (Raphael): *Gesundheit und Aussehen können durch einen entsprechenden Lebenswandel verbessert werden. Machen Sie eine Diät.*

Position 4, Liebe (Anael): *Zwar gibt es bei Ihnen wenig Schnickschnack und schöne Worte, trotzdem entwickelt sich eine treue und dauerhafte Beziehung. Eine Hochzeit ist in Sicht.*

Position 5, Erfolg (Ariel): *Ihre Intuition, Ihr Scharfsinn und vor allem Ihr kritischer Verstand bringen Sie voran. Sie haben Erfolg in Studium und Beruf.*

Position 6, Schicksal (Zachariel): *Aus einem böswillig provozierten Skandal ergeben sich neue Bündnisse und Chancen.*

Position 7, Prüfungen (Cassiel): *Sie haben es mit einer flatterhaften und wankelmütigen Person zu tun, die Schaden anrichtet, ohne es zu wollen. Vertrauen Sie Ihre Geheimnisse keiner Plaudertasche an.*

Deutung im Rahmen des psychologischen Orakels

Position 1, Talente: *Sie sind intuitiv, genial und vorausschauend. Sie analysieren Ihre Taten und können begangene Fehler zugeben.*

Position 2, Problem: *Sie erliegen einer Täuschung oder einer Beeinflussung, eventuell muss auch eine Entscheidung überdacht werden. Ein Projekt geht langsamer als erwartet voran. Sie werden vom Ziel abgelenkt.*

Position 3, Ausgang: *Ist eine wichtige Hürde erst einmal genommen und wurde ein bereits begonnenes Projekt kritisch hinterfragt, können Sie getrost abwarten. Die Vorhaben werden im Laufe der Zeit umgesetzt.*

— ⁘ **Mihael** ⁘

Gott, der freigiebige Vater

Klasse der Fürstentümer, Engel des Mondes
Schlüsselwort: Wohlwollen

Einsatzgebiete: Freundschaft, Einheit, Gesundheit

Wahrsagerische Bedeutung: Ehe; Verliebtsein; (erotisches) Abenteuer; Freude; Reise; Risiken durch Versuchungen von außen; Unbeständigkeit; Treulosigkeit; Spannungen; maßregelnde, besitzergreifende Art; ein Familienangehöriger, der Ehemann, eine verliebte, aber eifersüchtige, misstrauische Person

Aktive Zeit: 18. bis 22. November, Sonntag und Montag

Deutung im Rahmen des allgemeinen Orakels

Position 1, Persönlichkeit (Michael): *Sie sind friedliebend, harmoniebedürftig und messen der Gefühlswelt eine besondere Bedeutung bei. Sie können andere glücklich machen und Streit schlichten.*

Position 2, Gefühle (Gabriel): *Sie erscheinen heiter und gelassen, sind aber gleichzeitig besitzergreifend, eifersüchtig und misstrauisch, was Ihre Beziehung vergiftet. Vorsicht vor ungerechtfertigten Schuldzuweisungen.*

Position 3, Körper (Raphael): *Sie brauchen eine Pause, müssen sich erholen. Überdenken Sie Ihre Lebensweise. Eine gesündere Ernährung wirkt sich auch positiv auf Ihr Äußeres aus.*

Position 4, Liebe (Anael): *Sie sind bis über beide Ohren verliebt, wollen heiraten oder durchleben eine unbeschwerte, friedvolle Zeit mit der Person, die Sie lieben. Ein Baby kündigt sich an.*

Position 5, Erfolg (Ariel): *Sie sind beliebt und genießen hohes Ansehen. Sie stehen außerdem unter einflussreichem Schutz. Gefallen werden erwiesen.*

Position 6, Schicksal (Zachariel): *Freude, Begegnungen und Unterhaltung machen Ihr Leben besonders lebenswert. Durch einen Freund ergibt sich eine Chance.*

Position 7, Prüfungen (Cassiel): *Extreme Eifersucht und mangelndes Vertrauen werden auch Ihnen gegenüber gezeigt. Weitere Stichworte: unvorhergesehene Versuchungen, Unbeständigkeit, fehlendes Engagement.*

Deutung im Rahmen des psychologischen Orakels

Position 1, Talente: *Sie sind heiter und zu inniger Liebe fähig, die mit tiefen Gefühlen verbunden ist. Sie können jeder Erfahrung etwas Positives abgewinnen.*

Position 2, Problem: *Es gelingt Ihnen nicht, den Menschen in Ihrer Umgebung zu vertrauen. Sie sind eifersüchtig und werden von äußeren Umständen geängstigt. Ein Verehrer muss in seine Schranken gewiesen werden.*

Position 3, Ausgang: *Sie werden geliebt und das Leben lacht Sie an. All Ihre Wünsche, bei denen Gefühle eine Rolle spielen, werden erfüllt.*

❖ **Vehuel** ❖

Der große Gott

Klasse der Tugenden, Engel des Uranus
Schlüsselwort: Unterrichten

Einsatzgebiete: zwischenmenschliche Beziehungen, Zuhause

Wahrsagerische Bedeutung: Versöhnung; Verhandlung; Schlichtung; Rückkehr einer geliebten Person; Kommunikationstalent und Erfolg in Lehrberufen; körperliche Freuden; Unterhaltung; Vorsicht vor Diebstahl und Unentschlossenheit, die sich negativ auswirken kann; eine kreative und sinnliche, aber unsichere und wenig ehrgeizige Person

Aktive Zeit: 23. bis 27. November, Freitag und Sonntag

Deutung im Rahmen des allgemeinen Orakels

Position 1, Persönlichkeit (Michael): *Sie sind kommunikativ, großzügig und immer bereit, Probleme um Sie herum zu lösen. Sie gelten als guter Lehrer und Mediator sowie als aufmerksamer und sinnlicher Liebhaber.*

Position 2, Gefühle (Gabriel): *Sie sind unsicher und haben Probleme, eine wichtige Entscheidung zu treffen. Weitere Stichworte: Zweifel, Ängste.*

Position 3, Körper (Raphael): *Sie genesen von Kreislaufproblemen. Vorsicht vor Ermüdung und Stress!*

Position 4, Liebe (Anael): *Ein Expartner will es überraschend noch einmal versuchen. In einer Beziehung kehrt wieder Harmonie ein, Sie erleben sinnliche, leidenschaftliche Nächte.*

Position 5, Erfolg (Ariel): *Dank einer Fortbildung und der Wertschätzung eines intelligenten Chefs wird Ihr Talent endlich ins rechte Licht gerückt.*

Position 6, Schicksal (Zachariel): *Sie sind vor Diebstahl und Betrug geschützt und durchleben eine Phase der Sicherheit und des Überflusses.*

Position 7, Prüfungen (Cassiel): *Vor einer Prüfung oder einem Wettkampf ist Unentschlossenheit fatal. Hüten Sie sich im Ausland vor Diebstahl, Schwindel und Verlust. Verhandlungen sind im Gange.*

Deutung im Rahmen des psychologischen Orakels

Position 1, Talente: *Sie sind großzügig, diplomatisch und ein hervorragender Lehrer sowie Mediator. Weitere Stichworte: Kreativität und Sinnlichkeit.*

Position 2, Problem: *Sie setzen sich mit einer unsicheren, intoleranten, egozentrischen Person auseinander, die Ihnen Zeit und Energie raubt.*

Position 3, Ausgang: *Sie und eine andere Person kommen sich wieder näher, eine Auseinandersetzung oder ein Missverständnis wird geklärt. Jemand belehrt Sie, beherzigen Sie seine Worte.*

50 — ✣ Daniel ✣

Der Gott der Barmherzigkeit

Klasse der Tugenden, Engel des Saturn

Schlüsselwort: Kunst

Einsatzgebiete: Einheit, Aussehen, das Leben allgemein

Wahrsagerische Bedeutung: Scharfsinn und Erfolg im Geschäftsleben; Sieg vor Gericht; Anziehungskraft; Verführung; Sanftmut beugt Gewalt und negativen Gefühlen vor und beseitigt sie; in einer vertrackten Situation muss derjenige, der mehr liebt, Vernunft zeigen; eine nachdenkliche, diplomatische, vorsichtige Person, ein gerechter Richter, ein sensibler Berater

Aktive Zeit: 28. November bis 2. Dezember, Freitag und Samstag

Deutung im Rahmen des allgemeinen Orakels

Position 1, Persönlichkeit (Michael): *Sie sind freundlich, charmant, verführerisch und ein Meister der Worte sowie des Gesangs. Sie haben eine ausgeprägte Fantasie und sind – im positiven Sinn – auch ein klein wenig leichtsinnig.*

Position 2, Gefühle (Gabriel): *Es herrscht absolute Harmonie. Ihre Sanftmut weicht gelegentlichen Wutausbrüchen, die eine stark destruktive Kraft haben.*

Position 3, Körper (Raphael): *Achten Sie auf Ihre Schwachstellen, insbesondere den Hals und die Haut. Singen hilft Ihnen, Ihr Gleichgewicht wiederzufinden, und wirkt eventuellen Differenzen entgegen.*

Position 4, Liebe (Anael): *Es wird viel geschmust und geküsst, alles läuft bestens. Gibt es in Ihrem Leben noch keine große Liebe, steht Ihnen in Kürze eine romantische Begegnung bevor.*

Position 5, Erfolg (Ariel): *Die besten Chancen haben Sie im künstlerischen sowie im Rechts- und Finanzbereich.*

Position 6, Schicksal (Zachariel): *Mit Ihrem Urteilsvermögen und Ihrer Fähigkeit, Dinge auf den Punkt zu bringen, machen Sie gute Geschäfte. Vor Anschuldigungen und Rechtsverfahren sind Sie geschützt.*

Position 7, Prüfungen (Cassiel): *Sie müssen sich um jemanden kümmern und ihn trösten. Eine Situation kann durch einen guten Rat gerettet werden.*

Deutung im Rahmen des psychologischen Orakels

Position 1, Talente: *Sie sind anziehend, kreativ, eloquent und haben die Fähigkeit, Ihre Mitmenschen zu trösten. Sie sind ein Verführer und arbeiten dabei mit Liebenswürdigkeit und Charme.*

Position 2, Problem: *Nicht alle Menschen in Ihrem Umfeld sind so feinfühlig und harmlos wie Sie. Sie treffen auf aggressive Menschen, die zu Gewalt fähig sind und voller negativer Gefühle stecken.*

Position 3, Ausgang: *Sanftmut siegt über Gewalt. Eine vertrackte Situation löst sich von selbst. Sie stecken voller Liebe, das überträgt sich auch auf Ihr Umfeld.*

Gott, das unerforschbare Geheimnis

Klasse der Tugenden, Engel des Jupiter
Schlüsselwort: Erhöhung

Einsatzgebiete: Bildung, Arbeit, zwischenmenschliche Beziehungen

Wahrsagerische Bedeutung: Erfolg im Studium und allen Berufen mit intellektuellem Charakter; verbesserte Stellung, Aufstieg; gewährter Schutz; ein Arzt, ein Dozent, ein Priester, der wertvolle Hilfe leistet und schwerwiegende Probleme löst

Aktive Zeit: 3. bis 7. Dezember, Donnerstag und Freitag

Deutung im Rahmen des allgemeinen Orakels

Position 1, Persönlichkeit (Michael): *Sie sind weise, gebildet und fühlen sich zum Medizinischen und Intellektuellen hingezogen. Sie können viel geben, ohne etwas dafür zu erwarten.*

Position 2, Gefühle (Gabriel): *Sie sind freundlich, gelassen und scheinen frei von Widersprüchen zu sein. In Wirklichkeit leiden Sie aber unter Eifersucht und neigen zu Überheblichkeit.*

Position 3, Körper (Raphael): *Ihr Körper befindet sich in einem perfekten Gleichgewicht. Bei einer Krankheit wissen Sie sich sofort zu helfen, indem Sie zusätzliche Energie mobilisieren oder pflanzliche Mittel zu Hilfe nehmen.*

Position 4, Liebe (Anael): *Der Dialog und besonders Vertrauen helfen Ihnen, Ihre Ängste, Zweifel und Eifersucht zu überwinden. Weiteres Stichwort: eine zärtliche und erfüllende Beziehung.*

Position 5, Erfolg (Ariel): *Sie erzielen beste Ergebnisse im Studium und in intellektuellen Berufen. Auf der Karriereleiter machen Sie einen Schritt nach oben.*

Position 6, Schicksal (Zachariel): *Gutes Auftreten sowie Unterstützung von einer einflussreichen Person – und schon ist Ihr Glück perfekt! Sie erhalten Hilfe von einem Dozenten, einem Anwalt oder einem Kirchenmann.*

Position 7, Prüfungen (Cassiel): *Mangelndes Vertrauen in den Partner stürzt Sie in eine schmerzhafte und überflüssige Krise. Versuchen Sie, Ihrer Überheblichkeit Herr zu werden.*

Deutung im Rahmen des psychologischen Orakels

Position 1, Talente: *Sie haben sich dem Lernen, der Weisheit und dem Intellektuellen verschrieben und sind somit in der Lage, sich und anderen zu helfen. Sie sind ein außergewöhnliches Individuum.*

Position 2, Problem: *Sie brauchen die Hilfe einer weisen und mächtigen Persönlichkeit, die Sie beraten kann und dabei mehr in Betracht zieht als Ihre persönlichen Vorstellungen und Ziele.*

Position 3, Ausgang: *Plötzlich klärt sich alles und Sie erhalten das erwünschte Ergebnis (eine Verbesserung, Heilung oder Schutz).*

52 ❖ Imamiah ❖

Der erhobene Gott

Klasse der Tugenden, Engel des Mars
Schlüsselwort: Autonomie

Einsatzgebiete: Reisen, Bildung, Geschäfte, zwischenmenschliche Beziehungen

Wahrsagerische Bedeutung: Forderung nach Unabhängigkeit; eigenständige Arbeit; zahlreiche Reisen; Rebellion; Erringen von Unabhängigkeit; einsame Entscheidungen; Befreiung; durchkreuzte Pläne; Kurzschlusshandlungen; Überwinden von gefühlsmäßigem Unwohlsein; erdrückende Beziehung; Feindschaften und Machtkämpfe; eine zerbrechliche Person, die Hilfe benötigt

Aktive Zeit: 8. bis 12. Dezember, Dienstag und Freitag

Deutung im Rahmen des allgemeinen Orakels

Position 1, Persönlichkeit (Michael): *Sie sind autonom, freiheitsliebend und schätzen die Extreme, was sich oft destruktiv auswirkt. Weitere Stichworte: das Gefühl, gefangen zu sein, Ungeduld, häufige Stimmungsschwankungen.*

Position 2, Gefühle (Gabriel): *Starke Gefühle und drastische Entscheidungen von Ihrer Seite oder der Ihrer Liebsten durchkreuzen Ihre Pläne. Ein Kampf um die persönliche Freiheit entbrennt.*

Position 3, Körper (Raphael): *Sie sind überdreht, abgelenkt und holen sich häufig blaue Flecken, aber Sie fangen sich auch schnell wieder. Vorsicht vor Verbrennungen und Brüchen!*

Position 4, Liebe (Anael): *Aus einer erdrückenden, unglücklichen Beziehung sollten Sie ausbrechen. Sprechen Sie mit Ihrem Partner.*

Position 5, Erfolg (Ariel): *Wenn Sie sich Partner suchen und als Team arbeiten, erzielen Sie die besten Erfolge. In Ihrem Umfeld kann es Machtkämpfe und Rivalitäten geben.*

Position 6, Schicksal (Zachariel): *Aus einem Bruch oder einer schmerzlichen Veränderung erwächst etwas Positives. Nach einer Reise ergeben sich gute Chancen.*

Position 7, Prüfungen (Cassiel): *Sie haben merkwürdige Angewohnheiten. Weitere Stichworte: destruktive Situationen, Unzufriedenheit im Beruf, erdrückende Beziehungen.*

Deutung im Rahmen des psychologischen Orakels

Position 1, Talente: *Sie sind originell, autonom und fackeln bei Entscheidungen nicht lange. Befehle oder Beeinflussung durch andere lassen Sie sich von niemandem gefallen.*

Position 2, Problem: *Kurzschlusshandlungen und das Missachten von Regeln verkomplizieren Ihr Leben. Sie befinden sich in einem Machtkampf und dürfen keinen Fehler machen!*

Position 3, Ausgang: *Um dem Gefühl des Gefangenseins oder einer destruktiven Beziehung zu entkommen, müssen Sie einen Bruch wagen. Aus einem Frontenwechsel ergeben sich neue Möglichkeiten.*

Klasse der Tugenden, Engel der Sonne
Schlüsselwort: Geheimnis

Einsatzgebiete: Bildung, Gesetz, Gefühlsleben

Wahrsagerische Bedeutung: Geheimhaltung; Esoterik; Initiationsgemeinschaften; übersinnliche Wahrnehmung; Magie; Sieg über eine hochmütige, verschlossene und narzisstische Person; Kommunikationsprobleme; verspätete Korrespondenz; Warten auf Telefonanrufe und Bestätigungen; aufgeschobene (aber nicht geplatzte) Geschäfte; eine chaotische Situation, die zu meistern oder bereits überstanden ist; ein Wahrsager, ein Therapeut für alternative Heilmethoden, ein Magier

Aktive Zeit: 13. bis 16. Dezember, Freitag und Sonntag

Deutung im Rahmen des allgemeinen Orakels

Position 1, Persönlichkeit (Michael): *Sie sind gleichermaßen intuitiv und charismatisch wie stolz und narzisstisch. Das macht Sie zu einer komplizierten, aber auch faszinierenden Persönlichkeit. Sie haben viele dunkle Geheimnisse.*

Position 2, Gefühle (Gabriel): *Eine außergewöhnliche Wahrnehmung und tiefgründige Gefühle lassen Sie in Ihrer eigenen geheimnisvollen Welt leben. Wenn Sie vor eine Wahl gestellt werden, deuten Sie die Zeichen und folgen der Stimme Ihres Herzens.*

Position 3, Körper (Raphael): *Sie legen viel Wert auf Ihr Äußeres und lassen sich stark von Ihrem Umfeld beeinflussen. Faulheit und Unbeweglichkeit sind Ihrer Linie nicht zuträglich. Sie sind anfällig für Schwellungen.*

Position 4, Liebe (Anael): *Eine heimliche Liebe wird aufgrund von Schüchternheit nicht gestanden. Vorsicht vor Illusionen und unerwiderter Liebe. Weitere Stichworte: Warten auf Telefonanrufe und Signale, Träume, Herzklopfen.*

Position 5, Erfolg (Ariel): *Eine Situation klärt sich langsam. Bestimmte Entwicklungen müssen abgewartet, chaotische Zustände mit Ruhe geordnet werden. Sie haben nicht genug Kraft, um das Schicksal zu lenken.*

Position 6, Schicksal (Zachariel): *Die Hochmütigen müssen mit Demütigungen und Niederlagen rechnen, den Bescheidenen bieten sich Chancen und sie erhalten Ermutigung. Von einem Wahrsager oder Therapeuten für alternative Heilmethoden kommt wertvolle Hilfe.*

Position 7, Prüfungen (Cassiel): *Rechtsstreitigkeiten, Verhandlungen, Investments – alles nimmt sehr viel Zeit in Anspruch. Innere Unruhe und Unstimmigkeiten im Umfeld müssen innerhalb kürzester Zeit beseitigt werden.*

Deutung im Rahmen des psychologischen Orakels

Position 1, Talente: *Sie sind intuitiv, schweigsam und mysteriös, fast schon magisch. Sie lieben das Leben und seine Freuden, denen Sie sich mit Leidenschaft hingeben.*

Position 2, Problem: *Unordnung, Narzissmus und Stolz verlangsamen und erschweren die Kommunikation mit der Umwelt. Es kommt zu Verspätungen bei der Umsetzung eines Projekts.*

Position 3, Ausgang: *Die Liebe Ihres Lebens rettet Sie stets aus brenzligen Situationen. Ein verzwicktes Problem lässt sich nur mit Geduld lösen. Setzen Sie auf Ihre Wahrnehmung und Intuition.*

Der himmlische Gott

Klasse der Tugenden, Engel der Venus
Schlüsselwort: Vorzüglichkeit

Einsatzgebiete: Gesundheit, Gefühlsleben

Wahrsagerische Bedeutung: Langlebigkeit; Heilung; Wohlbefinden; Erfolg im Studium und in Berufen in den Bereichen Gesundheit und Kunst; Altruismus; guter Austausch mit der Umwelt; angebotene und angenommene Hilfe; eine liebevolle und leidenschaftliche Beziehung; Verliebtsein; umwerben; Romantik; erfülltes, ausfüllendes Gefühlsleben; Verführung; Charme. Oberflächlichkeit; leichtes Spiel in der Liebe kann einem zu Kopf steigen; Unentschlossenheit bei mehreren Affären. Eine romantische Person, die auf Wolke sieben schwebt, ein Verliebter, ein Künstler, ein unwiderstehlicher Casanova

Aktive Zeit: 17. bis 21. Dezember, Freitag

Deutung im Rahmen des allgemeinen Orakels

Position 1, Persönlichkeit (Michael): *Sie sind liebevoll, leidenschaftlich und helfen denjenigen, die Unterstützung brauchen, ohne Gegenleistungen dafür zu erwarten. Flirts reizen Sie sehr, doch sie führen zu Verwirrungen und Leichtsinn.*

Position 2, Gefühle (Gabriel): *In Ihnen herrscht ein Gefühlschaos voller Widersprüche. Sie suchen nach Ruhe und stürzen sich gleichzeitig ins Abenteuer.*

Position 3, Körper (Raphael): *Sie bleiben bis ins hohe Alter fit. Sie genießen den regen Austausch mit der Umwelt und nutzen natürliche Heilverfahren.*

Position 4, Liebe (Anael): *Durch die Liebe haben Sie alles erfahren – Zärtlichkeit, Sinnlichkeit, Zuneigung. Setzen Sie das nicht leichtfertig aufs Spiel.*

Position 5, Erfolg (Ariel): *Sie sind charmant, charismatisch und vertrauen-erweckend. Dadurch punkten Sie auch bei der Arbeit, besonders in Berufen im künstlerischen Bereich und in der Medizin.*

Position 6, Schicksal (Zachariel): *Der Erfolg kommt von selbst, besonders im gesellschaftlichen Bereich, aber er sollte Ihnen nicht zu Kopfe steigen!*

Position 7, Prüfungen (Cassiel): *Sie durchleben eine schwierige Phase aufgrund einer unerwiderten Liebe oder eines Fehlers in einer Beziehung. Der Partner schlägt mit Ihren Mitteln zurück.*

Deutung im Rahmen des psychologischen Orakels

Position 1, Talente: *Sie sind liebevoll, aufmerksam und einfühlsam, gleichzeitig aber auch sehr dynamisch und charismatisch. Sie setzen sich aktiv für das Wohl anderer ein.*

Position 2, Problem: *Sie versinken im Chaos, da Sie von widersprüchlichen Gefühlen gebeutelt werden und es eine Reihe von Wahlmöglichkeiten gibt, die alle gleichermaßen verlockend erscheinen. Weitere Stichworte: Unentschlossen-heit, Leichtsinn.*

Position 3, Ausgang: *Ein aktives Sozialleben löst den Großteil Ihrer Probleme. Weitere Stichworte: angenehme Beziehungen, förderlicher Austausch, angebotene und erwiderte Hilfe.*

Der ewige Gott

Klasse der Tugenden, Engel des Merkur
Schlüsselwort: Erziehung

Einsatzgebiete: Familie, Arbeit, Reisen, Gefühlsleben

Wahrsagerische Bedeutung: bedeutende Verwirklichungen; wichtige Projekte; Didaktik; Lernen; Verlagswesen; Kommunikation; artige Kinder; Geburt; Lösung von familiären und bildungsbezogenen Problemen; enthüllte Geheimnisse; vereitelter oder zu vereitelnder Betrug beziehungsweise Täuschung; während einer Reise gemeisterte Zwischenfälle; eine leidenschaftliche, heitere und gerechte Person, ein Lehrer, ein Psychologe, ein Priester

Aktive Zeit: 22. bis 26. Dezember, Mittwoch und Freitag

Deutung im Rahmen des allgemeinen Orakels

Position 1, Persönlichkeit (Michael): *Sie sind geduldig, aufmerksam und ein hervorragender Lehrer. Sie sind in der Lage, die Ideale, an die Sie glauben, vorzutragen und zu vermitteln.*

Position 2, Gefühle (Gabriel): *Die Erfahrung hat Sie gelehrt, Ihre Gefühle im Zaum zu halten. Ihr einziges Laster: Sie können Ihre Kinder nicht traurig sehen und verwöhnen sie deshalb zu sehr.*

Position 3, Körper (Raphael): *Sie sind gesund, aber eine kleine Pause, vielleicht in einem warmen Land, täte Ihnen gut. Sie haben mit kleineren Schwangerschaftsproblemen oder einem kleinen Kind zu kämpfen.*

Position 4, Liebe (Anael): *Amors Pfeil trifft Sie auf einer Reise – der Beginn einer spannenden Beziehung. Befinden Sie sich bereits in einer funktionierenden Beziehung, ist es Zeit, ans Heiraten zu denken.*

Position 5, Erfolg (Ariel): *Sie sind eine erfolgreiche, kommunikative, charismatische Person, was sich besonders im Verlagswesen und im Bildungsbereich positiv auswirkt. Weiteres Stichwort: wichtige Schriftstücke.*

Position 6, Schicksal (Zachariel): *Der Himmel schützt Sie vor Unfällen, Betrug und Komplikationen während einer Reise.*

Position 7, Prüfungen (Cassiel): *Sie machen sich Sorgen um die schulische Laufbahn oder die Erziehung Ihrer Kinder oder anderer junger Familienmitglieder. Lassen Sie sich von einem Lehrer oder Psychologen helfen.*

Deutung im Rahmen des psychologischen Orakels

Position 1, Talente: *Sie sind idealistisch, gelassen, kommunikativ und setzen sich leidenschaftlich für die Suche nach der Wahrheit ein. Für die Erziehung von Kindern oder einen Lehrberuf haben Sie ein besonderes Händchen.*

Position 2, Problem: *Sie tun Ihr Bestes und handeln im Einklang mit den Idealen, an die Sie glauben. Dennoch scheint die Welt gegen Sie zu arbeiten. Vorsicht vor Betrug und unvorhergesehenen Ereignissen auf Reisen.*

Position 3, Ausgang: *Bei großen Vorhaben und wichtigen Projekten steht der Wind für Sie günstig. Alle familiären Probleme lösen sich ganz von selbst.*

Klasse der Tugenden, Engel des Mondes
Schlüsselwort: Erfolg

Einsatzgebiete: Arbeit, Geld, Gesundheit

Wahrsagerische Bedeutung: Ansehen und Verständnis in der Familie und bei der Arbeit; ein wohlwollendes und schützendes Umfeld; körperliche und geistige Fitness; Wohlbefinden; Regeneration; Diät; Versöhnung; Ende von Streitigkeiten und Meinungsverschiedenheiten in der Familie; überwundene Schwierigkeiten; besiegte Ängste und Beklemmungsgefühle; philosophisches oder sprachwissenschaftliches Studium; eine zu verteidigende Person

Aktive Zeit: 27. bis 31. Dezember, Freitag und Montag

Deutung im Rahmen des allgemeinen Orakels

Position 1, Persönlichkeit (Michael): *Sie sind maßvoll, friedfertig, fröhlich und optimistisch – und damit die richtige Person, um Streitigkeiten zu schlichten. Kulturelle und humanistische Interessen sollten verfolgt werden.*

Position 2, Gefühle (Gabriel): *Ihre emotionale Seite ist von Schatten durchsetzt, aber nicht verschwunden. Sie haben Ihre Gefühle verarbeitet und können mit weisen Worten auch Ihr Umfeld besänftigen.*

Position 3, Körper (Raphael): *Ein Gefühl des inneren Friedens stellt sich ein. Körperlich fühlen Sie sich pudelwohl. Achten Sie auf eine ausgewogene Ernährung. Die gewünschte Schwangerschaft stellt sich ein.*

Position 4, Liebe (Anael): *In der Beziehung oder der Familie müssen Sie Konflikte mit Einfühlungsvermögen und diplomatischem Geschick lösen. Der Frieden wird mit etwas Anstrengung wiederhergestellt.*

Position 5, Erfolg (Ariel): *Ihre gute Vorbereitung, Ihre Kommunikationsfähigkeit und die Überzeugung, mit der Sie Ihre Standpunkte vertreten, ebnen Ihnen den Weg zum Erfolg. Ihre Mühen werden belohnt.*

Position 6, Schicksal (Zachariel): *Ihnen wird nichts geschenkt, aber mit Engagement und Liebe zu Ihrer Arbeit erlangen Sie eine finanziell zufriedenstellende Position. Ein Ferienhaus wird erworben.*

Position 7, Prüfungen (Cassiel): *Sie müssen sich voll und ganz für eine Person einsetzen, die in ernsthaften Schwierigkeiten steckt. Ihr Umfeld unterstützt Sie dabei. Ängste und Beklemmungsgefühle müssen überwunden werden.*

Deutung im Rahmen des psychologischen Orakels

Position 1, Talente: *Sie sind fröhlich, friedfertig, optimistisch und versöhnlich – eine angenehme Persönlichkeit, die für Harmonie um sich herum sorgt. Sie haben ernsthaftes Interesse an Philosophie und den Geisteswissenschaften.*

Position 2, Problem: *Sie werden von Ängsten und Sorgen geplagt, die möglicherweise durch die Familie hervorgerufen werden oder mit Erfahrungen aus der Vergangenheit zusammenhängen. Sie müssen sich für eine nahestehende Person einsetzen, die in Schwierigkeiten steckt.*

Position 3, Ausgang: *Jedes Ihrer Unterfangen ist von Erfolg gekrönt und bringt Anerkennung und finanzielle Vorteile mit sich. Nach einer Reihe von Missverständnissen ergreift Ihr Umfeld für Sie und Ihre Familie Partei und befürwortet Ihre Entscheidungen.*

✤ Nemamiah ✤
Der herrliche Gott

Klasse der Erzengel, Engel des Uranus
Schlüsselwort: Führung

Einsatzgebiete: Arbeit, Geld, das Leben allgemein

Wahrsagerische Bedeutung: Klarheit; konstruktive Kritik; vernünftige Ratschläge, die befolgt werden sollen; großartige Projekte; wohltätige Veranstaltungen; Nachrichten; Erfindungen; zu ändernde Gewohnheiten und Pläne; zu langsamer Arbeitsrhythmus, um gute Ergebnisse zu liefern; Vorsicht vor Unentschlossenheit und Widersprüchlichkeit; eine faule, unsichere, sich widersprechende Person während einer Existenzkrise

Aktive Zeit: 1. bis 5. Januar, Mittwoch und Sonntag

Deutung im Rahmen des allgemeinen Orakels

Position 1, Persönlichkeit (Michael): *Sie sind scharfsinnig, präzise sowie verantwortungsbewusst und deshalb für Führungspositionen perfekt geeignet. Weitere Stichworte: hohes Pflicht- und Verantwortungsbewusstsein, Kohärenz um jeden Preis.*

Position 2, Gefühle (Gabriel): *Sie fühlen sich gelangweilt und der Alltag erweist sich als eintönig. Nach einem enttäuschenden Ergebnis oder einem Vorwurf sind Sie sofort deprimiert. Weitere Stichworte: Ineffizienz, Widersprüche.*

Position 3, Körper (Raphael): *Ihre chaotischen Essenzeiten und Tagesabläufe schlagen Ihnen auf Körper und Geist. Ihre Anstrengungen, Sport und eine Diät zu machen, sind zu schwach.*

Position 4, Liebe (Anael): *Widersprüche, Verwirrung und Ängste machen Ihnen das Herz schwer, Sie können sich nicht zwischen zwei oder mehr Verhältnissen entscheiden. Weitere Stichworte: Verrat, Zweifel bezüglich einer endgültigen Entscheidung.*

Position 5, Erfolg (Ariel): *Wenn Sie Ihre Arbeit entschieden angehen und ordentlich zupacken, erfahren Sie große Zufriedenheit. Unentschlossenheit und zu viel Vorsicht bremsen Sie hingegen.*

Position 6, Schicksal (Zachariel): *Um das Beste aus allem herauszuholen, sind Sie auf sich allein gestellt und können sich nicht auf Kollegen oder Angestellte verlassen. Weitere Stichworte: gute Nachrichten, Einsätze im humanitären Bereich.*

Position 7, Prüfungen (Cassiel): *Sie befinden sich in einer Krise, sind deprimiert, frustriert und von tausend Zweifeln geplagt. Ihr Problem ist das krampfhafte Festhalten an Plänen – lassen Sie sich vom Schicksal leiten.*

Deutung im Rahmen des psychologischen Orakels

Position 1, Talente: *Sie sind nüchtern und kritisch, aber auch sehr abhängig von Ihren Plänen. Sie arbeiten Projekte aus, die Sie allein umsetzen möchten. Weitere Stichworte: extreme Sachlichkeit, Geduld und Hingabe bei der Arbeit.*

Position 2, Problem: *Ihre Ziele sind zu ehrgeizig und drohen im Sande zu verlaufen oder verspätet umgesetzt zu werden. Sie durchleben eine Krise, sind unsicher, demotiviert und unschlüssig.*

Position 3, Ausgang: *Der Erfolg kommt sicher, aber es dauert ein wenig, was Ihnen ziemlich viel Enthusiasmus raubt. Sie erzielen bemerkenswerte Ergebnisse, die aber nicht ganz den Erwartungen entsprechen.*

Der erhörende Gott

Klasse der Erzengel, Engel des Saturn

Schlüsselwort: Berühmtheit

Einsatzgebiete: Arbeit, Gesundheit, Kunst

Wahrsagerische Bedeutung: Forschung; Studium; Wissenschaft; Genesung von psychosomatischen Krankheiten; Faulheit und Unbeständigkeit müssen mit Fleiß und Methode beseitigt werden; ein Projekt ist ganz von vorn aufzurollen; Fortschritt für diejenigen, die ihn verdienen; wer lügt oder an falschen Verhaltensweisen festhält, kommt zu Fall; der Sinn fürs Praktische muss geschärft werden; eine nachdenkliche und träumerische Person, die Schwierigkeiten hat, Dinge konkret in die Praxis umzusetzen

Aktive Zeit: 6. bis 10. Januar, Mittwoch und Samstag

Deutung im Rahmen des allgemeinen Orakels

Position 1, Persönlichkeit (Michael): *Sie sind erfolgreich, praktisch veranlagt, intelligent und scharfsinnig. Aber Unbeständigkeit und ein Hang zu negativen Gedanken könnten Sie den Halt verlieren lassen.*

Position 2, Gefühle (Gabriel): *Wenn Sie Gefühlskrisen durchleben oder sich falschen Illusionen hingeben, werden Sie faul und unproduktiv.*

Position 3, Körper (Raphael): *Wenn Sie von psychosomatischen Krankheiten gebeutelt werden: Das Leben geht weiter! Eine Person, auf die Sie ein Freund aufmerksam macht, löst ein Problem für Sie.*

Position 4, Liebe (Anael): *Die Person an Ihrer Seite verhält sich nicht offen und ehrlich Ihnen gegenüber. Weitere Stichworte: kleine Lügen, Fehler und Vertrauensbrüche.*

Position 5, Erfolg (Ariel): *Solange Sie im kulturellen Bereich tätig bleiben, verlässt Sie der Erfolg nicht. Kommen Sie jedoch davon ab, zeigen sich die ersten Schwierigkeiten. Vorsicht vor Betrug.*

Position 6, Schicksal (Zachariel): *Wenn Sie immer korrekt gehandelt haben, müssen Sie sich keine Sorgen machen. Schaden droht nur denjenigen, die sich bewusst falsch verhalten haben.*

Position 7, Prüfungen (Cassiel): *Ihre Feinde kommen von innen und von außen. Im ersteren Fall müssen Sie an Ihrer Unbeständigkeit, Unsicherheit und Faulheit arbeiten, im zweiten mit unproduktiven Mitarbeitern und falschen Freunden klarkommen. Ein schmerzlicher Verrat droht.*

Deutung im Rahmen des psychologischen Orakels

Position 1, Talente: *Sie sind ungezwungen, direkt, aufrichtig und haben ein großes Talent für angewandte Wissenschaften, insbesondere für Medizin.*

Position 2, Problem: *Eine Krankheit, die Sie oder eine Ihnen nahestehende Person trifft, hält Sie in Atem. Eine Situation muss geklärt werden. Weitere Stichworte: verletzende Lügen, Betrug und Gerede.*

Position 3, Ausgang: *Durch das Überwinden von Faulheit und Unbeständigkeit kann ein Projekt überarbeitet und korrigiert werden, bevor es in die operative Phase geht. Es scheitern nur diejenigen, die sich irren.*

Klasse der Erzengel, Engel des Jupiter
Schlüsselwort: Ehrlichkeit

Einsatzgebiete: Bildung, Arbeit, Gesundheit

Wahrsagerische Bedeutung: Verbreitung; Kommunikation; Offenbarung; wichtige Nachrichten und Erklärungen; bestandene Prüfungen; konkretisierte Projekte; umgesetzte Wünsche und Absichten; Katastrophen und Verluste werden abgewendet oder als Anlass für einen Neubeginn genommen; Vorsicht vor Situationen, die leicht ausufern können, und vor dem falschen Gebrauch von Maschinen und Brennstoffen; eine extrovertierte, aber cholerische Person

Aktive Zeit: 11. bis 15. Januar, Mittwoch und Donnerstag

Deutung im Rahmen des allgemeinen Orakels

Position 1, Persönlichkeit (Michael): *Sie zeigen sich im Alltag freundlich, stark und entschlossen im Umgang mit Schwierigkeiten. Dadurch sind Sie ein wichtiges Vorbild für die Familie, den Partner und Freunde.*

Position 2, Gefühle (Gabriel): *Ihr Schreckgespenst ist die Wut. Hinter der netten und gefassten Fassade verbirgt sich ein explosiver Charakter. Weitere Stichworte: Wutausbrüche, Diskussionen, Streitereien.*

Position 3, Körper (Raphael): *Sie erfreuen sich guter Gesundheit und besitzen optimale Abwehrkräfte gegen Krankheiten, aber Ihre impulsive Art sorgt für Entzündungen. Vorsicht vor zu starker Sonneneinstrahlung.*

Position 4, Liebe (Anael): *Sie führen eine perfekte, fesselnde, innige Beziehung, besonders auf der physischen Ebene. Verlangen Sie für den Moment nicht mehr als das.*

Position 5, Erfolg (Ariel): *In praktischen und administrativen Berufen sind Sie unschlagbar, aber Sie sind auch ein Ass in der Kommunikation. Ihre Begabung wendet Verluste und Katastrophen ab.*

Position 6, Schicksal (Zachariel): *Eine glückliche Fügung lässt einen Wunsch wahr werden oder wendet eine Gefahr ab. Sie tätigen gute Investitionen, Ihr Geld ist sicher.*

Position 7, Prüfungen (Cassiel): *Eine böse Enttäuschung bringt Ihnen gleichzeitig die Erkenntnis, wie Sie damit am besten umgehen. Eine wichtige, noch ausstehende Entscheidung macht Sie nervös.*

Deutung im Rahmen des psychologischen Orakels

Position 1, Talente: *Sie sind liebenswert, einfühlsam und aufmerksam, aber auch unerwartet unerschütterlich und entschlossen im Umgang mit schwerwiegenden Problemen. Sie haben mathematisches und administratives Talent sowie eine sehr gute Kommunikationsfähigkeit.*

Position 2, Problem: *Eine Entscheidung beschäftigt Sie sehr. Weitere Stichworte: eine Niederlage, nach der von vorn begonnen werden muss, eine außer Kontrolle geratene Situation.*

Position 3, Ausgang: *Ein positives Ergebnis bei einer Prüfung, einem Vorstellungsgespräch oder einer Unternehmung lässt Sie wieder lachen. Ihre Wünsche werden erfüllt, Verlust oder Katastrophen durch einen geschickten Schachzug abgewendet.*

Der befreiende Gott

Klasse der Erzengel, Engel des Mars
Schlüsselwort: Unterstützung

Einsatzgebiete: zwischenmenschliche Beziehungen, Gesundheit, Bildung, Arbeit

Wahrsagerische Bedeutung: gewonnener Wettkampf; Erfolg im Beruf; Schritte nach oben auf der Karriereleiter; anerkannte Verdienste; berufliche Ziele werden mit Entschlossenheit und Sachverstand umgesetzt; kurze Reisen ohne großes Risiko; unangenehme, aber für eine Erneuerung nützliche Herausforderungen; unumkehrbare und notwendige Veränderung des Umfelds, von Ideen und Plänen; eine konkurrenzfähige, durchsetzungsstarke Person, die Probleme mit extremen Mitteln löst und keine Angst davor hat, Risiken einzugehen

Aktive Zeit: 16. bis 20. Januar, Dienstag und Mittwoch

Deutung im Rahmen des allgemeinen Orakels

Position 1, Persönlichkeit (Michael): *Sie sind altruistisch, idealistisch und entschlossen, die Welt zu verändern. Dabei neigen Sie jedoch dazu, Ihre Ansichten durchzusetzen, ohne Selbstkritik zu üben. Sie verfügen zudem über eine schnelle Auffassungsgabe und Kampfgeist.*

Position 2, Gefühle (Gabriel): *In Ihrem Innern toben starke Gefühle, Sie sind kampfeslustig und verletzlich. Das kann zu Kurzschlusshandlungen führen. Plötzliche und unumkehrbare Veränderungen sind möglich.*

Position 3, Körper (Raphael): *Sie sind immer in Bewegung und lieben riskante Sportarten. Wenn Sie sich wehtun, haben Sie das selbst herausgefordert. Abgesehen davon erfreuen Sie sich bester Gesundheit.*

Position 4, Liebe (Anael): *Es kommt zu blitzschnellen Veränderungen in Herzensangelegenheiten, wobei es sich um eine Herausforderung in der Liebe, eine schnelle Eroberung oder einen unvermeidlichen Bruch handeln kann. Ihr Motto: Veränderung.*

Position 5, Erfolg (Ariel): *Sie sind entschlossen sowie zielstrebig und erreichen so immer, was Sie wollen, ohne Streit zu provozieren. Ein Wettkampf wird mit fairen Mitteln ausgefochten. Weitere Stichworte: Beförderung, Fortschritt.*

Position 6, Schicksal (Zachariel): *Um Ihr Ziel zu erreichen, müssen Sie viel riskieren – sei es an der Börse oder im Casino. Während einer Reise tritt ein Glücksfall ein.*

Position 7, Prüfungen (Cassiel): *Sie befinden sich in einer Extremsituation, die Sie beunruhigt, aber gleichzeitig auch reizt. Weitere Stichworte: Veränderungen, Risiken, Kämpfe, Herausforderungen.*

Deutung im Rahmen des psychologischen Orakels

Position 1, Talente: *Sie sind idealistisch, altruistisch und hilfsbereit, weshalb Sie Helfen zu Ihrer Lebensaufgabe gemacht haben. Sie kümmern sich als Lehrer oder Heilpraktiker gern um andere.*

Position 2, Problem: *Eine drastische und unumkehrbare Veränderung in Ihrem Umfeld, im Beziehungsbereich oder in Bezug auf Ihren Lebensstil macht Ihnen zu schaffen.*

Position 3, Ausgang: *Mit Entschlossenheit und Sachverstand lässt sich jedes Problem lösen. Aus einem harten Wettkampf gehen Sie als Sieger hervor. Verdienste werden endlich anerkannt.*

✣ **Umabel** ✣

Der unermessliche Gott

Klasse der Erzengel, Engel der Sonne
Schlüsselwort: Freundschaft

Einsatzgebiete: Freundschaft, Bildung, Kommunikation

Wahrsagerische Bedeutung: herzliche und innige Freundschaften; gute Ratschläge; Interesse an Magie und Astrologie; musische Begabung; Überempfindlichkeit; Beeinflussbarkeit; emotionale Schwäche; Risiko der Abhängigkeit; ein junger Freund, der Vorbilder und Klarheit braucht

Aktive Zeit: 21. bis 25. Januar, Mittwoch und Sonntag

Deutung im Rahmen des allgemeinen Orakels

Position 1, Persönlichkeit (Michael): *Sie wissen viel und sind stets offen für Neues. Sie sind ein angenehmer, korrekter und interessanter Typ, der einen großen Freundeskreis hat.*

Position 2, Gefühle (Gabriel): *Da Sie verletzlich und sehr emotional sind, sollten Sie in Ihrem Umfeld nach Menschen Ausschau halten, die Ihnen Schaden zufügen könnten. Vorsicht vor Versuchungen und gefährlichen Abhängigkeiten.*

Position 3, Körper (Raphael): *Obwohl Sie nicht schlecht aussehen, sind Sie von zerbrechlicher Statur und neigen zu Krankheiten und Müdigkeit. Sie sollten auf jeden Fall Ausschweifungen und Exzesse meiden.*

Position 4, Liebe (Anael): *Die Liebe kommt Ihnen zu einengend vor, Sie fühlen sich noch nicht bereit dafür. Weitere Stichworte: Zweifel, Unsicherheit, eine innige Freundschaft, die Zeit braucht, um sich zu entwickeln.*

Position 5, Erfolg (Ariel): *Sie erzielen einen großer Erfolg im Studium, im Beruf oder in der Freizeit, insbesondere in den Bereichen Musik, Kommunikation, Astrologie oder im Übersinnlichen.*

Position 6, Schicksal (Zachariel): *In einer schwierigen Lage können Sie sich auf die Hilfe eines Freundes verlassen. Ihnen wird ein Darlehen gewährt.*

Position 7, Prüfungen (Cassiel): *Sie fühlen sich für eine zerbrechliche und unsichere Person verantwortlich, die sofortige Hilfe braucht. Weiteres Stichwort: ein anstrengendes soziales oder humanitäres Engagement.*

Deutung im Rahmen des psychologischen Orakels

Position 1, Talente: *Sie sind ein wunderbarer Freund, eine Person, die sich selbst und andere sehr gut kennt und versteht. Sie haben großes Talent für die Wissenschaft und die freien Künste.*

Position 2, Problem: *Sie haben Angst um einen Familienangehörigen oder Freund, um eine zerbrechliche, unsichere Person, die Halt braucht.*

Position 3, Ausgang: *Wenn Sie den Rat eines Freundes befolgen, können Sie nicht falschliegen. Halten Sie sich an die Regeln und treffen Sie keine Entscheidungen, die Sie hinterher bereuen könnten.*

Iahhel

Der höchste Gott

Klasse der Erzengel, Engel der Venus
Schlüsselwort: Selbstbeobachtung

Einsatzgebiete: Gefühlsleben, Einheit, Gesundheit

Wahrsagerische Bedeutung: Liebeserklärung; Vertrautheit; Verständnis und Harmonie in der Beziehung; gute Nachrichten von der geliebten Person, wenn sie weit weg von Ihnen ist; Erfolg ohne große Anstrengungen; Vorsicht vor Versuchungen, oberflächlichen Abenteuern und Shopping-Fieber; Unbeständigkeit; Wankelmütigkeit; Verschwendung; eine nachdenkliche und schweigsame Person, ein unverstandener Verliebter, ein verschwenderischer Freund oder Verwandter

Aktive Zeit: 26. bis 30. Januar, Mittwoch und Freitag

Deutung im Rahmen des allgemeinen Orakels

Position 1, Persönlichkeit (Michael): *Sie sind nachdenklich, tiefgründig und sehr verständnisvoll. Sie lieben innig, aber sind empfänglich für Versuchungen und Verführungen.*

Position 2, Gefühle (Gabriel): *Wankelmütigkeit, Liebeleien, ein übertriebener Hang zum Luxus und zu Vergnügungen sorgen für Verwirrung und lassen Sie wahre Werte verkennen. Weitere Stichworte: Chaos, Notwendigkeit der Neuorganisation.*

Position 3, Körper (Raphael): *Durch Ihre Offenheit für ausgiebige und extreme Erfahrungen vernachlässigen Sie sich selbst, was gefährliche Auswirkungen auf Ihre körperliche und geistige Verfassung hat. Mäßigen Sie Ihren Nikotin- und Alkoholgenuss.*

Position 4, Liebe (Anael): *Eine unerwartete Liebeserklärung erfüllt Sie mit Freude und Erstaunen. Vor verführerischen Versuchungen sollten sich besonders diejenigen hüten, die schon vergeben sind.*

Position 5, Erfolg (Ariel): *Der Erfolg kommt ganz von selbst. Unbeständigkeit wird mithilfe von Meditation besiegt.*

Position 6, Schicksal (Zachariel): *Sobald Geld da ist, wird es auch gleich wieder für unnütze Dinge und Luxusgüter ausgegeben. Ein Abenteuer ist mit übermäßigen Ausgaben verbunden.*

Position 7, Prüfungen (Cassiel): *Eine Person, auf die Sie stets viel gegeben haben, erweist sich von heute auf morgen als oberflächlich und schwer zu verstehen. Eine sehr große Enttäuschung.*

Deutung im Rahmen des psychologischen Orakels

Position 1, Talente: *Sie sind tiefgründig, loyal und stellen die Wahrheit über alles. Sie hören auf sich selbst, sind nachdenklich und fällen keine Entscheidungen ohne vorheriges gründliches Nachdenken.*

Position 2, Problem: *Zu viele Versuchungen, Abenteuer und oberflächliche Beziehungen bringen Sie oder die Person, die Sie lieben, völlig durcheinander. Weitere Stichworte: Unbeständigkeit, Untreue und Angst, sich zu binden.*

Position 3, Ausgang: *Eine Nachricht, Andeutung oder Erklärung macht Sie glücklich. Eine Wahl wird endlich getroffen, Sieg über die Versuchungen.*

✤ Anauel ✤

Der großzügige Gott

Klasse der Erzengel, Engel des Merkur
Schlüsselwort: Verantwortung

Einsatzgebiete: Gesundheit, Geld, Arbeit, Kunst, Innenleben

Wahrsagerische Bedeutung: riskante, aber lohnenswerte Investitionen; Kommunikation; Verbreitung; viele Reisen; Intoleranz ist in den Griff zu bekommen; Individualismus; Rassenvorurteile und gewaltsames Durchsetzen der eigenen Meinung; eine entschlossene Persönlichkeit, die starke und extreme Tugenden und Laster hat, ein Geschäftsmann, ein Manager

Aktive Zeit: 31. Januar bis 4. Februar, Mittwoch

Deutung im Rahmen des allgemeinen Orakels

Position 1, Persönlichkeit (Michael): *Sie sind intelligent und mutig, aber auch ziemlich intolerant. Sie leben von Extremsituationen und gefährlichen Unternehmungen.*

Position 2, Gefühle (Gabriel): *In Ihnen toben starke instabile und destabilisierende Gefühle. Sie rebellieren vehement gegen eine Situation, die Sie einengt.*

Position 3, Körper (Raphael): *Unruhe und das eifrige Sammeln von Erfahrungen rauben Ihnen Energie und schwächen Ihr Nervensystem. Vorsicht vor Stress auf Reisen.*

Position 4, Liebe (Anael): *Sie und Ihr Partner sind ein gut zusammenpassendes Paar, aber die Angst, sich zu binden und die persönliche Freiheit zu opfern, nimmt überhand. Ein Angebot wird rigoros abgelehnt.*

Position 5, Erfolg (Ariel): *Sie genießen Ihre Verantwortung und feiern überall Erfolge – in der Schule, im Geschäft und an der Börse. Das Ausland bringt Ihnen Glück, ein Umzug steht ins Haus.*

Position 6, Schicksal (Zachariel): *Jede Entscheidung in Bezug auf Ihre Finanzen – Geschäfte, Investments, An- und Verkäufe – erweist sich als genau richtig. Vorsicht ist bei Verhandlungen in fremden Ländern geboten.*

Position 7, Prüfungen (Cassiel): *Zu strikte Befehle und Pläne sowie enge Bindungen stürzen Sie abrupt in eine Depression. Sie sind gefangen in einer Situation, die Sie überfordert.*

Deutung im Rahmen des psychologischen Orakels

Position 1, Talente: *Sie sind kommunikativ, kreativ, mutig und besitzen ein starkes Verantwortungsgefühl. Sie verteidigen Ihre Ideen nachdrücklich.*

Position 2, Problem: *Zu viel Individualismus und Intoleranz verursachen Probleme und enttäuschen Sie in allen Bereichen. Extrem- und Gefahrensituationen sind zu bewältigen.*

Position 3, Ausgang: *Risiken und Zwischenfälle werden entschärft, Erfolge werden gewaltsam und mit Entschlossenheit, aber auch rücksichtslos und um jeden Preis eingefahren.*

✣ Mehiel ✣

Der belebende Gott

Klasse der Erzengel, Engel des Mondes
Schlüsselwort: Kommunikation

Einsatzgebiete: Arbeit, Bildung, Kommunikation

Wahrsagerische Bedeutung: blühende Fantasie; Kreativität; Ausdrucksfähigkeit; verlieren in Illusionen; mentales und emotionales Chaos; Depression; Flucht vor der Realität, der Familie und vor der sich daraus ergebenden Verantwortung; eine schwache und unreife Person, die sich Illusionen und haltlosen Träumen hingibt

Aktive Zeit: 5. bis 9. Februar, Montag und Mittwoch

Deutung im Rahmen des allgemeinen Orakels

Position 1, Persönlichkeit (Michael): *An Fantasie mangelt es Ihnen nicht. Im Gegenteil, Sie neigen dazu, sich in ihr zu verlieren und sich Illusionen zu machen.*

Position 2, Gefühle (Gabriel): *Sie durchleben eine depressive Phase. Sie fühlen sich unterlegen und finden keinen triftigen Grund, um den Kampf wiederaufzunehmen. Weitere Stichworte: Unreife, zerbrechliche Gefühlswelt.*

Position 3, Körper (Raphael): *Ihr Frustessen macht sich auf der Waage deutlich bemerkbar. Auch das Verdauungs- und Hormonsystem leidet.*

Position 4, Liebe (Anael): *Sie sind bis über beide Ohren in eine Person verliebt, die Sie nicht einmal wahrnimmt.*

Position 5, Erfolg (Ariel): *Erfolg im künstlerischen und Kommunikationsbereich ist garantiert. In anderen Bereichen zeigen Sie hingegen Schwächen.*

Position 6, Schicksal (Zachariel): *Die Fantasie und kreatives Denken sind für Sie wertvolle Hilfen zum Überwinden einer Krise. Sie haben ein glückliches Händchen im Spiel – deuten Sie Ihre Träume und handeln Sie entsprechend.*

Position 7, Prüfungen (Cassiel): *Eine schwache, unreife Person macht Ihnen schwer zu schaffen. Vorsicht vor Kritik und Missgunst. Weitere Stichworte: Fehler, Illusionen.*

Deutung im Rahmen des psychologischen Orakels

Position 1, Talente: *Aufgrund Ihrer Fantasie, Kreativität und Vorstellungskraft sehen Sie hinter jedem Ereignis etwas, auf das ein Traum oder ein Symbol bereits hingedeutet hat. Sie halten unverrückbar an Ihren Idealen fest.*

Position 2, Problem: *Sie machen sich in einer Sache etwas vor. Sie flüchten vor der Realität, Ihrem Partner oder der Verantwortung. Aber dadurch, dass Sie nichts riskieren, wird Ihr Leben langweilig.*

Position 3, Ausgang: *Da Sie an Ihren Ideen festhalten, die nur absurd scheinen, es aber nicht sind, können Sie sich durchsetzen. Ihr Kommunikationstalent ist Ihnen nützlich.*

❖ Damabiah ❖

Gott, die Quelle der Weisheit

Klasse der Engel, Engel des Uranus
Schlüsselwort: Reisen

Einsatzgebiete: Reisen, Gefühlsleben, zwischenmenschliche Beziehungen

Wahrsagerische Bedeutung: Leidenschaft für das Meer, die Schifffahrt und Menschen; Anziehungskraft von Okkultem und der Magie; Schutz gegen unsichtbare Feinde; Schwierigkeiten, was Gefühle anbelangt; Angst, sich auf etwas einzulassen; Verwirrung; zweiseitige Verhältnisse; große emotionale Unruhe; ein bewegtes Leben; Lästereien; Verleumdung; eine unruhige und charismatische Person, ein Magier, ein Seher, ein Reisender, ein charmanter und unzuverlässiger Seemann

Aktive Zeit: 10. bis 14. Februar, Sonntag und Montag

Deutung im Rahmen des allgemeinen Orakels

Position 1, Persönlichkeit (Michael): *Sie sind unruhig und fantasievoll, was Sie zu einer faszinierenden, aber schwer zu verstehenden Persönlichkeit macht. Sie verfügen zudem über ein nicht zu verachtendes paranormales Talent.*

Position 2, Gefühle (Gabriel): *Ihre verworrenen, aber spontanen Gefühle führen Sie durchs Leben.*

Position 3, Körper (Raphael): *Ihr turbulentes Leben hinterlässt auch körperlich seine Spuren. Psychosomatische Krankheiten und Depressionen wechseln sich mit Euphorie ab.*

Position 4, Liebe (Anael): *Die Liebe zieht Sie an, aber sie ängstigt Sie auch. Um dem Problem aus dem Weg zu gehen, beschränken Sie sich auf imaginäre Beziehungen mit Menschen, die ganz allein Ihrer Fantasie entspringen.*

Position 5, Erfolg (Ariel): *Sie könnten sehr viel leisten, aber Sie haben keine Lust, sich an die Regeln zu halten. Sie erzielen Erfolge im kreativen Umfeld oder in Berufen, in denen Wasser eine Rolle spielt.*

Position 6, Schicksal (Zachariel): *Sie sind immer auf dem Sprung, Ihr ganzes Leben ist eine einzige Reise. Sie lieben das Meer. Glück erwartet Sie im Ausland.*

Position 7, Prüfungen (Cassiel): *Getratsche, Verleumdung, Unruhe – Ihre Feinde sind rund um Sie herum. Achtung, eine unzuverlässige Person fügt Ihnen Leid zu.*

Deutung im Rahmen des psychologischen Orakels

Position 1, Talente: *Sie sind attraktiv, spontan und immer in Bewegung. Das Mysteriöse und Reisen sind Ihre Leidenschaft.*

Position 2, Problem: *Die Angst davor, sich auf etwas einzulassen und Ihre Freiheit aufzugeben, macht Sie kaputt. Sie müssen sich für eine Beziehung oder die Arbeit entscheiden, wissen aber nicht, wie.*

Position 3, Ausgang: *Von den zwei Alternativen, die Sie haben, entscheiden Sie sich für die Flucht. Weitere Stichworte: nicht zu beseitigende Unruhe, verschwendetes Talent.*

Der schützende Gott

Klasse der Engel, Engel des Saturn
Schlüsselwort: Fantasie

Einsatzgebiete: Gefühlsleben, Freundschaft

Wahrsagerische Bedeutung: Stabilität; nützliche Bündnisse; lang anhaltende Verpflichtungen und Beziehungen; Beibehaltung des aktuellen Arbeitsplatzes, Entlassung oder Umzug werden vermieden; Geborgenheit in der Famlie, aber Schwierigkeiten, die bessere Hälfte zu finden; möglicherweise Einsamkeit, da zu wählerisch; krampfhaftes Festhalten an der Vergangenheit; Erinnerungen müssen überwunden und Differenzen beigelegt werden; ein Einzelgänger, ein Muttersöhnchen, ein ernster, unnahbarer Berufstätiger

Aktive Zeit: 15. bis 19. Februar, Montag und Samstag

Deutung im Rahmen des allgemeinen Orakels

Position 1, Persönlichkeit (Michael): *Nach außen hin sind Sie schüchtern und bescheiden, aber innerlich reich. Sie erlauben es nur wenigen – und auch nur nach langem Zaudern und voller Angst –, in Ihre Seele zu blicken. Sie denken viel nach und sind einsam.*

Position 2, Gefühle (Gabriel): *Angst, Argwohn, Wut und Erinnerungen wechseln sich in Ihnen ab und lassen Sie scheu und unruhig erscheinen.*

Position 3, Körper (Raphael): *Ihr ernstes und geregeltes Leben spiegelt sich auch im Umgang mit dem Körper wider, denn Sie ernähren sich angemessen, ohne Energie zu verschwenden.*

Position 4, Liebe (Anael): *Sie sind eng mit Ihrer Familie verbunden, die Sie als Vorbild sehen. Das macht es Ihnen schwer, einen passenden Partner zu finden. Dafür sind Freundschaften und Bündnisse ergiebig.*

Position 5, Erfolg (Ariel): *Genügsamkeit und Verbindlichkeit bei der Arbeit sorgen für Vertrauen und Stabilität. Trotz einer Krise bleibt Ihnen Ihr Arbeitsplatz erhalten.*

Position 6, Schicksal (Zachariel): *Ein Immobilienkauf oder ein für Sie günstiger Vertrag rettet Ihr Zuhause vor Überraschungen und Veränderungen. Die Antworten auf Ihre Fragen erhalten Sie in Ihren Träumen.*

Position 7, Prüfungen (Cassiel): *Erinnerungen und Ängste machen Sie von der Vergangenheit abhängig. Bald müssen Sie etwas riskieren.*

Deutung im Rahmen des psychologischen Orakels

Position 1, Talente: *Mut und Intuition schützen Sie vor Schwierigkeiten. Sie sind zuverlässig und ehrlich, aber etwas introvertiert.*

Position 2, Problem: *Sie sind zu wählerisch, um Beziehungen mit anderen Menschen einzugehen. Ihr größtes Problem ist die Einsamkeit.*

Position 3, Ausgang: *Das, was Ihnen wichtig ist, wird gewahrt und fortgesetzt. Die Einsamkeit ist nur temporär, Anhänglichkeit und Groll werden überwunden.*

Der Gott des Genusses

Klasse der Engel, Engel des Jupiter
Schlüsselwort: Philosophie

Einsatzgebiete: Lernen, Gefühlsleben

Wahrsagerische Bedeutung: eine fröhliche, heitere, positive Person; Veränderungen zum Besseren; Akzeptanz des Schicksals und der eigenen Rolle; Interesse an und Beschäftigung mit Esoterik und Mystik; abgewendetes Unheil; Langlebigkeit; Glück; ein Astrologe, ein Psychologe, ein Mystiker, eine coole, unbeschwerte Persönlichkeit

Aktive Zeit: 20. bis 24. Februar, Montag und Donnerstag

Deutung im Rahmen des allgemeinen Orakels

Position 1, Persönlichkeit (Michael): *Sie sind fröhlich, offen und zielsicher. Sie akzeptieren Ihr Schicksal und sehen ihm ins Auge.*

Position 2, Gefühle (Gabriel): *Ihr Frohsinn und Ihre Offenheit gegenüber Veränderungen bewahren Sie vor Gefühlskrisen. Sie erleben unbeschwerte, positive Gefühle.*

Position 3, Körper (Raphael): *Ihre innere Ausgeglichenheit zeigt sich auch äußerlich. Ihr Körper ist wohlproportioniert und gut geschützt vor Krankheiten und Unfällen. Die Energie fließt ohne Probleme.*

Position 4, Liebe (Anael): *Ihre Ausgeglichenheit und Ihr guter Charakter ziehen Verehrer an wie das Licht die Motten. Wenn Sie in einer Beziehung leben, bleiben Sie Ihrem Partner treu. Sind Sie Single, bleiben Sie es weiterhin.*

Position 5, Erfolg (Ariel): *Dank Ihrer Intelligenz und Tiefgründigkeit fahren Sie sehr gute Erfolge in Studium und Beruf ein. Ein Vorstellungsgespräch bringt die gewünschte Veränderung.*

Position 6, Schicksal (Zachariel): *Was immer sich um Sie herum verändert, es ist angenehm und positiv.*

Position 7, Prüfungen (Cassiel): *Missgeschicke und Beeinträchtigungen gehen spurlos an Ihnen vorüber, denn Ihr Optimismus und Ihr Frohsinn sind die beste Verteidigung.*

Deutung im Rahmen des psychologischen Orakels

Position 1, Talente: *Sie sind ein heiterer, verständnisvoller, toleranter und altruistischer Mensch, der für Philosophie und Mystik wie geschaffen ist. Sie sind gut geschützt und beeinflussen Ihr Schicksal durch Ihren Optimismus positiv.*

Position 2, Problem: *Ernsthafte Probleme haben Sie keine, denn durch Ihre positive Art und Fröhlichkeit werden sie bereits im Keim erstickt.*

Position 3: Ausgang: *Sie lassen sich gern vom Schicksal führen. Das macht Sie glücklich und frei. Weitere Stichworte: vollkommene Ausgeglichenheit, Ziele werden ohne Anstrengung erreicht.*

Der gütige Gott

Klasse der Engel, Engel des Mars
Schlüsselwort: Überfluss

Einsatzgebiete: Gesundheit, Gefühlsleben, Geld, Arbeit

Wahrsagerische Bedeutung: harte Arbeit; große Anstrengung; Entschädigung; Einkommen; reiche Ernte; überwundene Schwächen und Krankheiten; Wiedergutmachung; Sicherheit; ein Bauer, ein Untergebener, ein Arzt, ein Sanitäter

Aktive Zeit: 25. bis 29. Februar, Montag und Dienstag

Deutung im Rahmen des allgemeinen Orakels

Position 1, Persönlichkeit (Michael): *Sie sind großzügig, kommunikativ und helfen gern. Das hohe Maß an Ausgeglichenheit und Spiritualität haben Sie auf schmerzliche, mühevolle Art und Weise erworben.*

Position 2, Gefühle (Gabriel): *Starke Gefühle machen Ihnen Angst und beeinträchtigen Ihre Ausgeglichenheit, die Sie so viel gekostet hat.*

Position 3, Körper (Raphael): *Körperliches Unwohlsein ist Ihnen wohlbekannt. Dank Ihrer wundersamen Fähigkeiten wissen Sie aber auch, wie Sie es in den Griff bekommen.*

Position 4, Liebe (Anael): *Ihre Liebe zum Universum ist größer als die, die Sie in einer Beziehung finden. Daher verzichten Sie auf fleischliche Gelüste, die Sie aber doch irgendwie reizen. Es droht ein innerer Konflikt.*

Position 5, Erfolg (Ariel): *Ihre körperlichen und geistigen Anstrengungen zahlen sich immer aus, allerdings nutzen sie anderen mehr als Ihnen selbst. Sie haben ein glückliches Händchen für Landwirtschaft und Medizin.*

Position 6, Schicksal (Zachariel): *Geldprobleme lösen sich quasi von selbst. Weitere Stichworte: Entschädigungen, Einkommen, im letzten Moment abgewandter Schaden.*

Position 7, Prüfungen (Cassiel): *Alle Schwierigkeiten werden dank einer wundersamen Begebenheit überwunden. Große Anstrengungen machen sich bezahlt.*

Deutung im Rahmen des psychologischen Orakels

Position 1, Talente: *Sie sind altruistisch und großzügig, ein extrem geselliger Typ, zumindest dem Anschein nach. Denn Einblicke in Ihre Gefühlswelt gestatten Sie nur wenigen.*

Position 2, Problem: *Harte Arbeit wartet auf Sie, eine große Anstrengung, die sich aber alles in allem bezahlt macht.*

Position 3, Ausgang: *Der Weg zum Erfolg ist anstrengend, lohnt sich aber. Weitere Stichworte: Heilung, Harmonie, Erholung, alte Wunden und erlittene Ungerechtigkeiten werden vergessen.*

✣ **Rochel** ✣

Der allsehende Gott

Klasse der Engel, Engel der Sonne
Schlüsselwort: Gesetz

Einsatzgebiete: Geld, Recht, Liebe, zwischenmenschliche Beziehungen, Gesundheit

Wahrsagerische Bedeutung: verdienter Ruhm; beträchtliche Erbschaft; ein gewonnener Prozess; ein vereitelter Diebstahl oder Verlust; eine ehrliche und respektable Persönlichkeit, ein Familienvater, ein geschätzter Berufstätiger

Aktive Zeit: 1. bis 5. März, Sonntag und Montag

Deutung im Rahmen des allgemeinen Orakels

Position 1, Persönlichkeit (Michael): *Sie sind intelligent, sympathisch und ehrlich. Das Glück ist Ihnen hold, ganz besonders auch in der Liebe.*

Position 2, Gefühle (Gabriel): *Sie neigen zu tiefen Gefühlen. Die negativen davon halten Sie gut im Zaum, die positiven, nützlichen zeigen Sie offen und sorgen so für Ruhe und Harmonie in Ihrem Umfeld.*

Position 3, Körper (Raphael): *Die gute geistige Verfassung greift auch auf den Körper über – Sie strotzen vor Energie. Behalten Sie Ihre sportliche Betätigung bei.*

Position 4, Liebe (Anael): *Sie kommen mit Ihrem Charme und Ihrer sympathischen Art gut an – und wissen das auch. Doch Sie meinen es ernst und spielen nicht mit den Gefühlen anderer. Überstürzen Sie nichts.*

Position 5, Erfolg (Ariel): *Ihr Ansehen ist wohlverdient, besonders im administrativen und Rechtsbereich. Weitere Stichworte: Ehrlichkeit, Bekanntheit.*

Position 6, Schicksal (Zachariel): *Sie haben Glück in jedem Bereich, gerade auch was die Finanzen angeht. Eine Erbschaft und eine Entschädigung kündigen sich an.*

Position 7, Prüfungen (Cassiel): *Die Angst vor Diebstahl und Verlust quält Sie über einen längeren Zeitraum, stellt sich aber als unbegründet heraus. Sie erzielen einen hart erkämpften Sieg vor Gericht.*

Deutung im Rahmen des psychologischen Orakels

Position 1, Talente: *Sie sind scharfsinnig, nüchtern und ehrlich, eine liebenswerte, respektierte und gerechte Person. Sie verfügen über große körperliche und geistige Stärke.*

Position 2, Problem: *Es besteht das Risiko von Verlust oder Missbrauch. Jemand nutzt Sie aus.*

Position 3, Ausgang: *Erfolg im Beruf, Gesundheit, Glück in der in Liebe – Sie brauchen nur richtig darum zu bitten und schon bekommen Sie, was Sie wollen.*

70 ✦ Jabamiah ✦

Der schaffende Gott

Klasse der Engel, Engel der Venus

Schlüsselwort: Erlösung

Einsatzgebiete: Gesundheit, Innenleben, das Leben allgemein

Wahrsagerische Bedeutung: schmerzhafte, aber unvermeidliche Abwendung oder Verlust; Ende eines Abschnitts; zu heilende Krankheit oder Wunde; Trost für die Leidenden; notwendiger Wandel; Wiedergeburt; Studium und Beruf im Bereich Medizin und Natur (Tiere, Pflanzen oder Mineralien); eine kranke, unterernährte, verletzte, leidende Person

Aktive Zeit: 6. bis 10. März, Montag und Freitag

Deutung im Rahmen des allgemeinen Orakels

Position 1, Persönlichkeit (Michael): *Sie sind auf Zack. Nach einer Phase des Leidens geht es Ihnen jetzt wieder gut. Große notwendige Veränderungen bahnen sich an.*

Position 2, Gefühle (Gabriel): *Eine unumgängliche Veränderung in Ihrem Inneren zwingt Sie dazu, in den Spiegel zu sehen und sich Ihre Fehler einzugestehen. Eine schmerzhafte, aber heilsame Selbstbetrachtung.*

Position 3, Körper (Raphael): *Eine durch Ihre schlechten Angewohnheiten ausgelöste Krankheit lässt Sie endlich Vernunft annehmen. Essstörungen werden behoben, an ihre Stelle tritt eine ausgewogene Ernährung.*

Position 4, Liebe (Anael): *Ein schmerzhafter, aber notwendiger Bruch steht bevor. Sie müssen einen Abschnitt abschließen, um einen neuen beginnen zu können.*

Position 5, Erfolg (Ariel): *Im Studium und bei der Arbeit nehmen Sie sich anderer an. Eine unumgängliche Veränderung im beruflichen Bereich tritt ein.*

Position 6, Schicksal (Zachariel): *Sie erkennen Ihre Probleme und arbeiten daran. Ein Verlust droht, nach dem Sie Ihre Ziele neu definieren müssen.*

Position 7, Prüfungen (Cassiel): *Ihre Seele wird verletzt, aber man hilft Ihnen, den Schmerz mit Würde zu ertragen, sich zu bessern und sich zu erholen.*

Deutung im Rahmen des psychologischen Orakels

Position 1, Talente: *Sie haben selbst viel gelitten und gerade das versetzt Sie in die Lage, andere in einer solchen Situation zu verstehen und ihnen zu helfen. Sie besitzen die Fähigkeit, sich Fehler einzugestehen und um Vergebung zu bitten.*

Position 2, Problem: *Sie sind sehr unausgeglichen und durchleben eine Phase voller Probleme, Enttäuschungen, Unwohlsein und Unverständnis. Bereiten Sie sich darauf vor, mit einer Situation oder einem Lebensabschnitt abzuschließen.*

Position 3, Ausgang: *Sie müssen das Alte hinter sich lassen und sich Neuem zuwenden. Weitere Stichworte: eine ausweglose Lage, ein unvermeidlicher Verzicht, ein schweres, aber befreiendes Opfer.*

Der Gott des Universums

Klasse der Engel, Engel des Merkur
Schlüsselwort: Schutz

Einsatzgebiete: Arbeit, das Leben allgemein

Wahrsagerische Bedeutung: eine schwierige Phase; Verfolgung; Verleumdung; mit geeigneten Mitteln auszuräumende Unstimmigkeiten; möglicher Verrat; Enttäuschung in der Liebe; Abhängigkeit von Leidenschaften und Personen; großer Mut; Anpassungsfähigkeit und Widerstandskraft sind nötig; ein Betrüger, eine faszinierende, aber dominante und despotische Person

Aktive Zeit: 11. bis 15. März, Montag und Mittwoch

Deutung im Rahmen des allgemeinen Orakels

Position 1, Persönlichkeit (Michael): *Sie sind stark, unabhängig und kämpfen mit allen Mitteln gegen Ungerechtigkeiten und negative Einflüsse. Das Lösen von Schwierigkeiten festigt Ihren Charakter.*

Position 2, Gefühle (Gabriel): *Jeder scheint sich gegen Sie zu wenden. Wut und schmerzhafte Erinnerungen kommen wieder hoch. Sie fühlen sich unterdrückt oder zum Sündenbock degradiert.*

Position 3, Körper (Raphael): *Druck und Stress machen Ihren Abwehrkräften zu schaffen, aber Sie bleiben immun gegen Krankheiten. Sport wirkt Wunder.*

Position 4, Liebe (Anael): *Wenn sich die Person, die Sie lieben, unfair verhält, sollten Sie den Mut haben, sie gehen zu lassen. Ein schmerzhafter Bruch ist unvermeidlich. Es entstehen Zwistigkeiten, auch in der Familie.*

Position 5, Erfolg (Ariel): *Eine belastende Arbeit, ein unangenehmes Klima und ein herrschsüchtiger Chef sind Zeichen, die Sie nicht ignorieren sollten. Eine Abhängigkeit ist aus dem Weg zu räumen, eine unumgängliche Veränderung steht bevor.*

Position 6, Schicksal (Zachariel): *Widerstandsfähigkeit und Anziehungskraft bringen Ihnen Glück. Finden Sie die beste Strategie und hüten Sie sich vor Betrug.*

Position 7, Prüfungen (Cassiel): *Verrat, Enttäuschungen, Streit: Es gibt viele Feinde in Ihrem Umfeld. Sie müssen Ihre Launen in den Griff bekommen und Pläne ausarbeiten.*

Deutung im Rahmen des psychologischen Orakels

Position 1, Talente: *Sie sind stark, widerstandsfähig, mutig, lebensbejahend und können Gutes von Bösem unterscheiden. Sie sind gegen Beeinflussungsversuche vollkommen resistent.*

Position 2, Problem: *Enttäuschungen, Streitigkeiten, Druck und Verleumdung stellen Ihre fast schon sprichwörtliche Widerstandsfähigkeit auf die Probe. Zügeln Sie Ihre Leidenschaften.*

Position 3, Ausgang: *Die Situation ist sehr vertrackt. Der Erfolg ist noch nicht in Sicht. Es ist mit Überraschungen zu rechnen.*

❖ Mumiah ❖

Gott, Anfang und Ende aller Dinge

Klasse der Engel, Engel des Mondes
Schlüsselwort: Vollendung

Einsatzgebiete: Arbeit, Lernen, das Leben allgemein

Wahrsagerische Bedeutung: Vollendung; erreichtes Ziel; Gipfel des Erfolgs; Ruhm; Macht; Enthusiasmus; starke Gefühle und Leidenschaft; entschiedenes Vertreten der eigenen Überzeugungen; Sie machen nichts heimlich, sondern immer mit großem Trara, was Energie und Sorgfalt erfordert; Interesse für die Wissenschaft, besonders für Chemie; Vorsicht vor Übermaß, Kurzschlussreaktionen und unbesonnenen Entscheidungen; Indiskretion; Prahlerei; Vergeudung von Kräften; eine starke, beeindruckende Persönlichkeit, die im Rampenlicht steht, ein Schauspieler, ein Chef, ein unerschütterlicher Elternteil

Aktive Zeit: 16. bis 20. März, Montag

Deutung im Rahmen des allgemeinen Orakels

Position 1, Persönlichkeit (Michael): *Ihre Stärke und Leidenschaft machen es nahezu unmöglich, Sie zu übersehen. Ihre Begeisterung ist ansteckend, aber Ihr Hang zum Übermaß destabilisiert und bringt alles durcheinander.*

Position 2, Gefühle (Gabriel): *In Ihnen toben außer Kontrolle geratene starke Gefühle, was oft zulasten derjenigen geht, die es gut mit Ihnen meinen. Viele Ecken und Kanten sind abzurunden.*

Position 3, Körper (Raphael): *Ausschweifungen, auf die Sie stolz sind, haben oftmals auch körperliche Auswirkungen, sodass Sie nicht genug Energie haben oder unter Druck stehen. Vorsicht vor Entzündungen.*

Position 4, Liebe (Anael): *Ihre Gefühle und Ihre Zuneigung gehören den Schwächeren und weniger Glücklichen. Ihrem Partner gegenüber sind Sie dagegen anmaßend und intolerant.*

Position 5, Erfolg (Ariel): *Sie verfolgen Ihre Ziele beharrlich und erreichen sie auch. Das Glück ist Ihnen hold, vor allem in medizinischen Berufen, bei gewerkschaftlichen Aktivitäten oder Engagements im Theater. Berühmtheit ist garantiert.*

Position 6, Schicksal (Zachariel): *Ihr Glück hängt davon ab, ob Sie es festhalten können. Auf beachtliche Geldeingänge reagieren Sie mit leichtsinnigen Ausgaben, Kurzschlusshandlungen und riskanten Investitionen.*

Position 7, Prüfungen (Cassiel): *Momente der Niedergeschlagenheit und Verzweiflung wechseln sich mit Euphorie ab. Unüberlegte Handlungen und gedankenlose Entscheidungen könnten Ihnen Schaden zufügen.*

Deutung im Rahmen des psychologischen Orakels

Position 1, Talente: *Sie sind fröhlich, großzügig, altruistisch und mutig – eine begeisterungsfähige, lebenslustige Person. Sie empfinden Dankbarkeit gegenüber dem Universum und fühlen sich ihm zugehörig.*

Position 2, Problem: *Sie handeln mit übertriebenem Eifer. Ihre Impulsivität lenkt Sie vom rechten Weg ab. Weitere Stichworte: Proteste, Übertreibungen, Kurzschlussreaktionen, anmaßende Entscheidungen.*

Position 3, Ausgang: *Wenn das Problem ernsthaft in Angriff genommen wird, finden Sie eine Lösung. Aber dafür müssen Sie auch einiges geben. Gewinne und Verluste halten sich die Waage.*

Wer ist wie Gott?

Klasse der Fürstentümer
Schlüsselwort: Licht, Wahrheit

Einsatzgebiete: Arbeit, Charakter und die Beziehung zum Göttlichen

Wahrsagerische Bedeutung: Wahrheit; klare Ziele; Glück; Intelligenz; ein Bezugspunkt

Aktive Zeit: August, Sonntag

Deutung im Rahmen des allgemeinen Orakels

Position 1, Persönlichkeit (Michael): *Sie suchen Ihre Identität und gehen Ihren Weg. Dabei sind Sie ehrlich, sachlich, optimistisch und konsequent und können sich auf die Hilfe guter Freunde verlassen.*

Position 2, Gefühle (Gabriel): *Sie haben Ihre Gefühle perfekt unter Kontrolle. Sie kennen sich gut und können das Unbewusste in all seinen Erscheinungsformen deuten und die Erkenntnisse zum Vorteil aller nutzen.*

Position 3, Körper (Raphael): *Nach einer Phase des Bangens sorgt eine Diagnose endlich für Klarheit. Eine geeignete Therapie löst ein altes Problem.*

Position 4, Liebe (Anael): *Ein Gefühl wird in der Öffentlichkeit offenbart. Es ist der Moment gekommen, sich für das Zusammenleben oder die Ehe einzusetzen. Auch wenn Sie es nicht wollen, Ihr Herz spricht für Sie.*

Position 5, Erfolg (Ariel): *Sie haben den Gipfel Ihrer Karriere erreicht und werden von allen geachtet und geschätzt. Man betrachtet Sie als Vorbild.*

Position 6, Schicksal (Zachariel): *Machen Sie sich wegen eines finanziellen Problems keine Sorgen, sondern leben Sie einfach Ihr Leben weiter. Ein Gewinn, eine beigetriebene Forderung oder ein unerwarteter Sieg wirkt sich positiv auf Ihr Bankkonto aus.*

Position 7, Prüfungen (Cassiel): *Sie stehen vor einem großen Hindernis, aber wenn Sie es einmal überwunden haben, werden Sie feststellen, dass die Lösung weit weniger schwierig war als erwartet. Eine notwendige Klärung entschärft eine schwierige Situation.*

Deutung im Rahmen des psychologischen Orakels

Position 1, Talente: *Auch wenn man Ihre Art als zu direkt betrachtet, Sie sagen immer die Wahrheit. Sie sind ehrlich und besitzen ein sonniges Gemüt. Nie würden Sie anderen bewusst Schaden zufügen.*

Position 2, Problem: *Ihr Problem ist ein Führer oder eine Wahrheit, die Sie nicht akzeptieren möchten. Sie werden geblendet und erschrecken sich.*

Position 3, Ausgang: *Mit einiger Anstrengung kommt die Wahrheit ans Licht. Ein enthülltes Geheimnis wirft ein ganz neues Licht auf ein Problem, das Sie bedrückt.*

Gott ist stark

Klasse der Engel
Schlüsselwort: Intuition

Einsatzgebiete: Gefühlsebene, Alltag, Familienangelegenheiten

Wahrsagerische Bedeutung: eine wichtige Nachricht; Geburt; gute Ratschläge; Wahrträume; außergewöhnliche Wahrnehmung; Intuition; Vorsicht vor Tratsch und Klatsch; ein Familienangehöriger, ein Kind

Aktive Zeit: Juli, Montag

Deutung im Rahmen des allgemeinen Orakels

Position 1, Persönlichkeit (Michael): *So intuitiv und verträumt wie Sie sind, verwechseln Sie Ihre Träume oftmals mit der Realität. Aber wenn Sie wirklich daran glauben, werden sie wahr.*

Position 2, Gefühle (Gabriel): *Starke Gefühle, Ängste und Wünsche ändern Ihre Perspektive und lassen Sie von der Normalität abrücken. Verlassen Sie sich auf Ihr Gefühl und nicht auf den Verstand, dann erreichen Sie Ihre Ziele.*

Position 3, Körper (Raphael): *Essen macht Sie glücklich, vielleicht drücken Sie so Ihre Zuneigung aus oder aber es hat therapeutischen Charakter. Eine erwünschte Schwangerschaft steht bevor.*

Position 4, Liebe (Anael): *Sie arbeiten an einer vielversprechenden, starken Beziehung. Ein Kind kündigt sich an.*

Position 5, Erfolg (Ariel): *Ihre Entscheidungen und Talente bringen Ihnen den Ruhm ein, den Sie verdienen. In Ihrem Umfeld sind Sie bekannt und man schätzt Sie.*

Position 6, Schicksal (Zachariel): *Ein Essen oder ein Fest bietet Ihnen gute Chancen. Wenn Sie soziale Kontakte pflegen, ist Ihnen das Glück hold. Eine Geburt in der Familie steht bevor, die Kinder gedeihen.*

Position 7, Prüfungen (Cassiel): *Das Haus und die Familie bereiten Ihnen Sorgen. Weitere Stichworte: eine verspätete oder unvollständige Umstrukturierung, ein Kaufvertrag in der Schwebe.*

Deutung im Rahmen des psychologischen Orakels

Position 1, Talente: *Sie haben eine rege Fantasie, aber wenn Sie sich zu sehr gehen lassen, verlieren Sie jeden Bezug zur Realität. Weitere Stichworte: gute Intuition und Wahrnehmung.*

Position 2, Problem: *Sie machen sich leicht Illusionen und Ihre Träume entgleiten Ihnen oftmals. Sie stecken Ihre Ziele so hoch, dass sie unerreichbar werden.*

Position 3, Ausgang: *Damit alles nach Ihren Wünschen verläuft, müssen Sie voll und ganz auf Ihre Intuition vertrauen und Ihrem Herzen folgen. Ein einschneidendes Ereignis steht bevor. Die Harmonie triumphiert über das Chaos.*

Gott heilt

Klasse der Erzengel
Schlüsselwort: Heilung

Einsatzgebiete: das Physische, Gesundheit, Ideen, Kommunikation und Handel

Wahrsagerische Bedeutung: Heilung; Genesung; nachlassende Schmerzen; ein Vorstellungsgespräch; vorteilhafte Geschäfte; Reisen; neue Perspektiven; Unterhaltung; schöne Abenteuer; ein Journalist, ein Psychologe, ein Arzt

Aktive Zeit: Juni, September, Mittwoch

Deutung im Rahmen des allgemeinen Orakels

Position 1, Persönlichkeit (Michael): *Sie sind lebendig, dynamisch, kommunikativ und multitaskingfähig. Sie haben Organisationstalent und immer einen Trumpf im Ärmel, wenn es nötig ist.*

Position 2, Gefühle (Gabriel): *Ihre Gefühle sind an die Vernunft gekoppelt. Deshalb haben Sie sie gut im Griff und lassen nicht zu, dass sie überhandnehmen. Herz und Verstand halten sich perfekt die Waage.*

Position 3, Körper (Raphael): *Bewegung halten Sie für die beste Medizin, aber gleich danach kommt die korrekte Atmung. Sie sind nicht übermäßig robust, aber besitzen ein besonderes Talent, wenn es darum geht, Krankheiten vorzubeugen oder von ihnen zu genesen. Die aus der Umwelt kommenden Anreize helfen Ihnen dabei zusätzlich. Vorsicht vor Entzündungen und Verwundungen!*

Position 4, Liebe (Anael): *Eine Liebeserklärung oder -botschaft macht Sie glücklich. Kommunikation ist selbst einer gut funktionierenden Paarbeziehung zuträglich.*

Position 5, Erfolg (Ariel): *Sie wissen sich zu durchzusetzen und bekommen immer, was Sie möchten. Sie sind ein hervorragender Wortjongleur. Sie können sich optimal ausdrücken und andere überzeugen. Erfolg im literarischen Bereich ist garantiert.*

Position 6, Zachariel (Schicksal): *Kommunikation ist Ihre wahre Stärke, die für Einkommen sorgt. Darüber hinaus sind Sie freundlich, sympathisch und ziehen mit Ihren Qualitäten alle auf Ihre Seite. Weitere Stichworte: Karriere als Diplomat, im Handel, im Journalismus oder im Theater, vollständige Genesung von Körper und Geist.*

Position 7, Prüfungen (Cassiel): *Worte sind eine zweischneidige Waffe – sie können Vorteile bringen oder Probleme verursachen, insbesondere dann, wenn sie mit der Absicht, zu verletzen, eingesetzt werden. Mit Ihrer Gesundheit steht es nicht zum Besten, es mangelt Ihnen an Energie. Ein Bruch oder medizinischer Eingriff steht bevor.*

Deutung im Rahmen des psychologischen Orakels

Position 1, Talente: *Sie sind sympathisch, gutherzig und kommunikativ, wodurch Sie Ihrem Gegenüber im optimalen Licht erscheinen. Sie haben die Gabe, sich an verschiedene Gegebenheiten anzupassen, und die Dinge entwickeln sich immer zu Ihren Gunsten.*

Position 2, Problem: *Sie befinden sich in einer spannenden Situation, die aber nicht lange währt, denn nichts ist so, wie es scheint. Es stehen Ihnen noch zahlreiche Veränderungen bevor, ehe sich ein Erfolg einstellt.*

Position 3, Ausgang: *Mit Geschick und Intelligenz gewählte Worte klären eine vertrackte Situation. Eine Genesung von einer Krankheit oder die Wiederherstellung des Gleichgewichts ist möglich.*

Klasse der Tugenden
Schlüsselwort: Liebe

Einsatzgebiete: Beziehung, Familie, Freundschaften, das Verhältnis zwischen Eltern oder Kindern, Kreativität

Wahrsagerische Bedeutung: Zufriedenheit; wahre Liebe; Glück im Spiel und bei unerwarteten Ereignissen; Begegnungen; Liebe auf den ersten Blick; Unschuld; Sinnlichkeit; entstehendes Talent; Charme; ein Künstler

Aktive Zeit: Mai, Oktober, Freitag

Deutung im Rahmen des allgemeinen Orakels

Position 1, Persönlichkeit (Michael): *Sie haben ein freundliches, offenes Wesen, weshalb man Ihnen positive Gefühle entgegenbringt. Auch Ihr Äußeres, auf das Sie großen Wert legen, hat einen gewissen Einfluss.*

Position 2, Gefühle (Gabriel): *Ihre zärtlichen, ausgeglichenen Gefühle rufen künstlerische Inspirationen hervor. Sie sind kreativ und selbst bei den vertracktesten Problemen in der Lage, eine Alternative oder diplomatische Lösung zu finden.*

Position 3, Körper (Raphael): *Harmonie und Gleichgewicht herrschen sowohl in Ihrem Körper als auch in Ihrer Seele. Sie strahlen Schönheit und Gesundheit aus. Sie geben ein angenehmes Bild ab.*

Position 4, Liebe (Anael): *Sie haben die Liebe Ihres Lebens gefunden oder werden sie bald treffen. Das verleiht Ihnen zusätzliche Motivation, sodass Sie Ihr Bestes geben und die anderen mit Ihrem Glück anstecken.*

Position 5, Erfolg (Ariel): *Da die Person, die Sie liebt, Sie ermutigt und an-spornt, gelingt es Ihnen, wichtige Ziele zu erreichen. Ihr Liebes- und Arbeitsleben stehen sich nicht im Weg, sondern befruchten sich gegenseitig.*

Position 6, Schicksal (Zachariel): *Auch wenn Sie es vielleicht nicht zu hoffen wagen: Die Person, die Sie lieben, erwidert Ihre Gefühle voll und ganz. Was die Liebe angeht, so sind Glück und Zufriedenheit garantiert.*

Position 7, Prüfungen (Cassiel): *Nachdem Sie eine belastende Schwierigkeit gemeistert haben, wird eine enge Beziehung gefestigt; nur oberflächliche Bezie-hungen gehen zu Ende. Beharrlichkeit und Härte sind notwendig, um lange Wartezeiten zu überstehen.*

Deutung im Rahmen des psychologischen Orakels

Position 1, Talente: *Sie verheimlichen dem oder der Angebeteten Ihre Liebe. Anmut macht Sie kreativ, fleißig und verführerisch. Sie nehmen das Leben leicht und unbeschwert.*

Position 2, Problem: *Eine Herzensangelegenheit beschäftigt Sie und erfordert eine Reaktion Ihrerseits, denn bisher wurde dem Problem noch nicht genug Auf-merksamkeit gewidmet. Oberflächlichkeit und Unüberlegtheit sind Hindernisse.*

Position 3, Ausgang: *Wenn Sie auf den Partner oder die Partnerin fürs Leben warten, können Sie sich sicher sein, dass die Suche fast zu Ende ist. Es reicht, wenn Sie das Objekt Ihrer Begierde ausfindig machen und es nicht mehr gehen lassen. Zärtlichkeit, Zuvorkommenheit und Aufrichtigkeit helfen Ihnen dabei, eine klare Vorstellung zu bekommen.*

Der Löwe Gottes

Klasse der Mächte

Schlüsselwort: Fleiß

Einsatzgebiete: Kampf, Herausforderung (sowohl beruflich als auch auf körperlicher Ebene)

Wahrsagerische Bedeutung: Mut; Willenskraft; Charisma; Triumph; schnelles Handeln; notwendige und brillante Entscheidungen; eine innerhalb kürzester Zeit gefundene Lösung; die Fähigkeit, Eindruck zu schinden; eigene Meinung und Urteilsfähigkeit; ein Soldat, eine sportliche Person, ein Rivale

Aktive Zeit: April, November, Dienstag

Deutung im Rahmen des allgemeinen Orakels

Position 1, Persönlichkeit (Michael): *Wenn Sie Ihr Ziel einmal klar vor Augen haben, kann Sie nichts mehr aufhalten. Entschlossenheit, Begeisterung und eine beneidenswerte Energie helfen Ihnen, das zu bekommen, was Sie möchten.*

Position 2, Gefühle (Gabriel): *Ihre starken Gefühle stehen Ihnen im Weg und hindern Sie daran, klar zu denken. Sie sind impulsiv und gehen leicht an die Decke.*

Position 3, Körper (Raphael): *Plötzliches Fieber oder Entzündungen suchen Sie heim. Dafür verfügen Sie aber über eine schier unerschöpfliche Energie.*

Position 4, Liebe (Anael): *Liebe und Zuneigung gehen bei Ihnen Hand in Hand. Sie geben sich voll und ganz einer leidenschaftlichen Beziehung hin.*

Position 5, Erfolg (Ariel): *Entschlossenheit und Begeisterung führen Sie zum Sieg. Es kommt zu Streitereien, Diskussionen und Wutausbrüchen zur Verteidigung von Personen oder Ideen.*

Position 6, Schicksal (Zachariel): *Sie bringen sich in schwierige Situationen, aber Ihr Engel weiß immer, wie er Sie da wieder herausholen kann. Das Glück schützt Sie vor Gefahren.*

Position 7, Prüfungen (Cassiel): *Schwierigkeiten gibt es zweifelsohne, aber wenn Sie sie mutig angehen, können diese mit Leichtigkeit überwunden werden. Sie müssen sich vehement gegen eine Person wehren, die Ihnen besonders übel gesinnt ist.*

Deutung im Rahmen des psychologischen Orakels

Position 1, Talente: *Dank Ihres eisernen Willens und der Tatsache, dass Sie mutig sind wie ein Löwe, bekommen Sie das, was Sie möchten. Die Fähigkeit, schnelle Entscheidungen zu treffen, ist ebenfalls von Vorteil.*

Position 2, Problem: *Auch wenn es absolut unerwünscht ist, steht ein Kampf mit einem Rivalen an. Sammeln Sie vor dem Angriff Kraft und aktivieren Sie Ihre Sinne.*

Position 3, Ausgang: *Mit Entschlossenheit, Enthusiasmus und Charisma setzen Sie sich gegen Ihre Rivalen durch. Sie erringen einen entscheidenden Sieg im sportlichen Bereich.*

Gott ist volkommen

Klasse der Herrschaften
Schlüsselwort: Unterricht

Einsatzgebiete: zwischenmenschliche Beziehungen, Beruf, Persönliches, Glück, Finanzen, körperliches und geistiges Wohlbefinden, Bezug zu Behörden und der Justiz

Wahrsagerische Bedeutung: Glück; Wohlstand; Zufriedenheit; Reichtum; gute Ratschläge; angenehme Beziehungen; Glaube; ein unabhängiger Berater

Aktive Zeit: März, Dezember, Donnerstag

Deutung im Rahmen des allgemeinen Orakels

Position 1, Persönlichkeit (Michael): *Ihre Stärke ist Ihr Glaube an das Leben und das Schicksal. Ihre Ausgeglichenheit und Ihr Optimismus sorgen dafür, dass alles sich so regelt, wie es das Schicksal vorgesehen hat.*

Position 2, Gefühle (Gabriel): *Sie verfügen über eine große Bandbreite an Gefühlen, die oft sehr intensiv und überschwänglich sind. Glücklicherweise haben Sie kein Problem damit, diesen auch einmal freien Lauf zu lassen und aus der Vergangenheit zu lernen.*

Position 3, Körper (Raphael): *Sie erfreuen sich guter Gesundheit, aber Ihr Hang zum Übermaß, besonders in Bezug auf das Essen, könnte negative Auswirkungen auf Magen und Leber haben.*

Position 4, Liebe (Anael): *Erfreulicherweise haben Sie keine Angst vor der Liebe. Sie sind offen für die Gefühle anderer, die Sie ohne Angst oder Reue erwidern. In Herzensangelegenheiten läuft alles wunderbar. Eine Ehe kündigt sich an, eine glückliche und erfüllende Verbindung.*

Position 5, Erfolg (Ariel): *Sie haben Ihre unbestreitbaren Qualitäten erfolgreich eingesetzt. Das Schicksal hält einen Glücksfall für Sie bereit – ein außergewöhnliches Ergebnis nach nur mittelmäßigem Einsatz.*

Position 6, Schicksal (Zachariel): *Sie sind geradezu umgeben von guten Gelegenheiten und müssen noch nicht einmal danach suchen. Das ist zurückzuführen auf Ihr positives Karma, das sich auszahlt.*

Position 7, Prüfungen (Cassiel): *Sie sorgen sich grundlos. Letztendlich stellen sich die Hindernisse und Schwierigkeiten als weniger problematisch heraus als vermutet. Optimaler Schutz durch das positive Karma. Sie teilen die Verantwortung mit demjenigen, der Sie liebt.*

Deutung im Rahmen des psychologischen Orakels

Position 1, Talente: *Auch wenn Ihre Ausgangsposition einmal nicht so günstig ist, sorgen Optimismus, Ausgeglichenheit und der Glaube an das, was Sie tun, immer für einen positiven Ausgang. Gute Ratschläge, die Sie bekommen, sollten Sie unbedingt befolgen.*

Position 2, Problem: *Eine praktische Frage beschäftigt Sie, vielleicht geht es um eine Geldangelegenheit, bei der Sie einen groben Fehler begangen oder Geld verschwendet haben. Ihr Stolz hindert Sie daran, Hilfe oder gut gemeinte Ratschläge anzunehmen.*

Position 3, Ausgang: *Ihr Glaube an das Schicksal wirkt sich positiv aus. Ein Zufall löst ein schwieriges Problem, wodurch sich Ausgeglichenheit und Zuversicht wieder einstellen. Schutz von höherer Stelle ist Ihnen sicher.*

Der Thron Gottes

Klasse der Throne
Schlüsselwort: Strenge

Einsatzgebiete: materielle Schwierigkeiten, Gefühlsleben

Wahrsagerische Bedeutung: Schwierigkeiten; Verzögerungen; Widerstand; Ersparnisse; Immobilienkäufe; Warten; Einsamkeit; Nachdenken; Selektion; Stärke; Geduld; Beständigkeit; solide Basis; Bau; alte Menschen; Erbe; Zeit

Aktive Zeit: Januar, Samstag

Deutung im Rahmen des allgemeinen Orakels

Position 1, Persönlichkeit (Michael): *Sie sind per definitionem weise und zugleich eigenbrötlerisch, geduldig, methodisch und stecken voller Kraft. Über langfristige Entwicklungen machen Sie sich keine Gedanken, im Gegenteil: Warten vermittelt Ihnen Sicherheit.*

Position 2, Gefühle (Gabriel): *Ihr Problem sind unterdrückte Gefühle. Sie haben Angst, sich gehen zu lassen, und verstecken Ihre Emotionen. Dadurch laufen Sie Gefahr, gefühlskalt zu werden und sich das Beste entgehen zu lassen.*

Position 3, Körper (Raphael): *Ihr Schwachpunkt ist Ihre körperliche Verfassung. Sie sind krankheitsanfällig und Ihre Abwehrkräfte gegenüber Erkältungen und anderen saisonal auftretenden Krankheiten sind eingeschränkt. Sie müssen mehr essen.*

Position 4, Liebe (Anael): *Sie tun sich schwer, Ihre intimsten Gefühle preiszugeben. Sie fühlen sich einsam und unverstanden, aber wenn Sie erst Ihren Seelenverwandten getroffen haben, sind Sie durchaus bereit, sich auf eine langfristige Beziehung einzulassen.*

Position 5, Erfolg (Ariel): *Aufgrund einer Reihe von Verzögerungen und gelegentlicher Rückschritte stellt sich der Erfolg nur langsam ein. Haben Sie die ersehnte Position jedoch erst einmal erreicht, macht sie Ihnen so schnell keiner mehr streitig.*

Position 6, Schicksal (Zachariel): *Dank eines erfolgreichen Immobiliengeschäfts stehen Sie finanziell gut da. Weitere Stichworte: Sparmaßnahmen, Investments mit niedrigen Risiken.*

Position 7, Prüfungen (Cassiel): *Sie machen eine schwierige Phase durch. Zweifel und Schwierigkeiten müssen überwunden werden, aber Sie haben Ihre Lektion gelernt und werden dadurch stärker. Sie wissen: Wenn man ganz unten angelangt ist, kann es nur noch aufwärts gehen.*

Deutung im Rahmen des psychologischen Orakels

Position 1, Talente: *Was auch immer geschieht, Sie wissen, dass alles einem bestimmten Rhythmus folgt. Sie sind geduldig, beständig, methodisch, nüchtern und realistisch. Sie haben keine Angst vor der Realität, sondern stellen sich ihr mit der erlangten Weisheit.*

Position 2, Problem: *Ein Problem gerät außer Kontrolle oder übersteigt Ihre Möglichkeiten. Um den Gipfel zu erreichen, müssen Sie sich noch ein wenig in Geduld üben.*

Position 3, Ausgang: *Sie können endlich eine Schwierigkeit beseitigen, wenn Sie geduldig und methodisch vorgehen. Die Zeit arbeitet für Sie und hilft Ihnen, Fehler und Illusionen zu vermeiden. Wenn Sie auf sich allein gestellt sind, haben Sie Erfolg auf der ganzen Linie.*

Schlüsselwort: Vollkommenheit, Perfektion

Einsatzgebiete: alle

Wahrsagerische Bedeutung: Perfektion; vollkomme-
nes Glück; erwiderte Liebe; Regeneration; Erfolg auf der
ganzen Linie; perfekte körperliche Verfassung; der Gipfel-
punkt, von dem aus die Transformation jedes Individuums
beginnt; ein lang gehegter Traum wird wahr; Selbstverwirklichung

Aktive Zeit: sofort

Deutung im Rahmen des allgemeinen Orakels

Position 1, Persönlichkeit (Michael): *Sie sind eine fähige, brillante, fröhliche
und vertrauenerweckende Person. Wenn Sie ein Ziel vor Augen haben, nähern
Sie sich ihm mit Methodik und großer Ruhe.*

Position 2, Gefühle (Gabriel): *Sie haben sich perfekt unter Kontrolle, sodass
keine überraschenden Gefühlsausbrüche zu erwarten sind. Sie leben Ihre Gefühle
aus, ohne zu übertreiben oder sie überhandnehmen zu lassen.*

Position 3, Körper (Raphael): *Sie haben viel Zeit darauf verwandt, verlorenes
Terrain wiederzugewinnen und sich in Form zu bringen. Das Ergebnis kann sich
sehen lassen. Es geht Ihnen sehr gut und das wird auch noch lange so bleiben.*

Position 4, Liebe (Anael): *Endlich haben Sie Ihren Seelenverwandten gefunden, mit dem Sie eine solide, feste und gewinnbringende Beziehung eingehen
können. Weder jetzt noch in Zukunft wird diese Beziehung von dunklen Wolken
getrübt. Das Zusammenleben oder die Ehe garantieren Ihnen Glück auf der
ganzen Linie.*

Position 5, Erfolg (Ariel): *Ihr Erfolg ist so überwältigend, dass er die damit verbundenen Anstrengungen wirklich wert war. Durch diese Erfahrung haben Sie gelernt, dass Ihnen nichts geschenkt wird. Alles, was jetzt kommt, ist – selbst wenn Ihr Engel seine Hände im Spiel hat – allein auf Ihren Willen und Ihre Arbeit zurückzuführen.*

Position 6, Schicksal (Zachariel): *Andere schätzen Sie sehr und loben Sie in den höchsten Tönen. Auch in materieller Hinsicht können Sie nicht klagen. Finanzielle Sicherheit, erfolgreiche Investments, gutes Einkommen und verdiente Anerkennung erwarten Sie. Auch haben Sie Chancen auf zusätzliche Gewinne durch erfolgreiche Spekulationen oder beachtliche Gewinne beim Glücksspiel.*

Position 7, Prüfungen (Cassiel): *Hindernisse und Schwierigkeiten sind Ihnen nicht erspart geblieben, aber nach einem steinigen Weg haben Sie das angestrebte Ziel nun vor Augen. Eine schwierige Phase geht zu Ende, Ihnen gelingt ein entscheidender Sieg über Ihre Gegner.*

Deutung im Rahmen des psychologischen Orakels

Position 1, Talente: *Sie verfügen über schier unerschöpfliche Ressourcen – Sie können eigentlich alles und finden für jedes Problem eine Lösung.*

Position 2, Problem: *Sie haben so viel erreicht und sind so weit gekommen, dass Sie gar nicht mehr wissen, was Sie als Nächstes tun sollen, da es keine Herausforderung mehr für Sie gibt. Weitere Stichworte: Gefühl des Stillstands, fehlende Motivation, Langeweile.*

Position 3, Ausgang: *Ihr Projekt läuft hervorragend. Sie haben volles Engagement gezeigt und die entsprechenden Ergebnisse übertreffen die Erwartungen. Ihre Anstrengungen machen sich bezahlt, für Schäden wird aufgekommen.*

Erstveröffentlichung 2011 unter dem Titel
„Le Voci degli Angeli" von Lo Scarabeo, Turin

Genehmigte Lizenzausgabe
tosa GmbH
Fränkisch-Crumbach 2011
www.tosa-verlag.de

Übersetzung: Sandra Schindler

ISBN (13) 978-3-86313-051-0
ISBN (10)   3-86313-051-0

Bildnachweis

Shutterstock: Pashtet82 Cover back, 4–127